非物质文化遗产保护理论与方法丛书

非遗碎墨
——张庆善非遗保护文集

张庆善 著

文化藝術出版社
Culture and Art Publishing House

图书在版编目（CIP）数据

非遗碎墨：张庆善非遗保护文集 / 张庆善著. ——
北京：文化艺术出版社，2020.6
（非物质文化遗产保护理论与方法丛书）
ISBN 978-7-5039-6886-0

Ⅰ.①非… Ⅱ.①张… Ⅲ.①非物质文化遗产—保护
—中国—文集 Ⅳ.①G122-53

中国版本图书馆CIP数据核字（2020）第084577号

非遗碎墨
——张庆善非遗保护文集

著　　者	张庆善
责任编辑	董良敏
责任校对	董　斌
书籍设计	顾　紫
出版发行	文化藝術出版社
地　　址	北京市东城区东四八条52号　（100700）
网　　址	www.caaph.com
电子邮箱	s@caaph.com
电　　话	（010）84057666（总编室）　84057667（办公室） 　　　　　84057696—84057699（发行部）
传　　真	（010）84057660（总编室）　84057670（办公室） 　　　　　84057690（发行部）
经　　销	新华书店
印　　刷	国英印务有限公司
版　　次	2020年8月第1版
印　　次	2020年8月第1次印刷
印　　张	13
字　　数	200千字
开　　本	787毫米×1092毫米　1/16
书　　号	ISBN 978-7-5039-6886-0
定　　价	48.00元

版权所有，侵权必究。如有印装错误，随时调换。

亲历非遗保护"燃情"的岁月

——写在《非遗碎墨》出版之际（代序）

我从来没有想过要出一本非遗保护方面的文集，虽然我是中国非物质文化遗产保护工作一个重要时期的亲历者，或者说是一个比较重要的参与者。虽然我对非遗保护工作始终给予深深的感情，我也从没有想过出一本书，因为我从来就不认为自己是非遗保护工作的专家，而只是一个工作者、参与者。所以，当我的学生石中琪建议我把非遗保护方面的文章整理出书的时候，我是那样的茫然，不知所措。因为我写了多少稿子，讲了多少次话，接受过记者多少次的采访，我自己完全搞不清楚。这些稿子都在哪里，我更不知道。当中琪在网上找到我的一些文章时，我哑然失笑，因为我早就忘记了还写过这些文章。

搜集这些文稿的过程，心中可谓五味杂陈，像是遇到了旧恋一样，是激动，是幸福，是甜蜜，是惆怅，还有伤感等都在其中，当然主要还是骄傲和自豪，是成就感，是责任感，是使命感。我常常和他人说，在我的一生中有两件事在心中的分量最重，一是《红楼梦》研究，二是非物质文化遗产保护。只要媒体上提到《红楼梦》研究和非物质文化遗产保护的事情，都会引起我格外的关注和强烈的情感，就像是说我自己的事情一样，这许多年一直是这样。的确，在中国非物质文化遗产保护工作刚启动的时候，我就幸运地参与其中了，幸运地参与了一些重要的保护工作，幸运成为那个燃情岁月的亲历者。《我的燃情岁月》是一部电视连续剧的名字，是我很喜欢看的一部电视连续剧。或许因为这部电视连续剧是反映军人题材的原因，而我正好也曾经是一名军人。这部电视连续剧无论是故事叙述还是演员表演都很真实自然，不像现在的一些"抗战神剧"那样胡编乱造，所以我喜欢看。《亲历非遗保护"燃情"的岁月》这个题目，就是受到这部电视连续剧名字的启发。而我们当年在从事非遗保护工作的时候也的确称得上"燃情"的岁月，尽管我们那个时候早已经过了容易"燃情"的年纪了。

我国的非遗保护工作是从2001年向联合国教科文组织申报昆曲为"人类口头和非物质遗产代表作"开始的，这次申报由中国艺术研究院戏曲研究所的专家具体承担。但当年申报昆曲也仅仅是我国非遗保护工作的"开始"，因为当时上上下下对"人类口头和非物质遗产代表作"的认识极其肤浅，举国上下对昆曲成功申报为联合国教科文组织公布的"人类口头和非物质遗产代表作"的消息竟然无动于衷。直到2002年，我国的非物质文化遗产保护工作才开始有了一点"文化自觉"。当时受文化部委托，中国艺术研究院承担向联合国教科文组织申报古琴艺术为第二批"人类口头和非物质遗产代表作"。2003年，文化部又启动了"中国民族民间文化保护工程"，我是这个工程专家委员会的副主任委员。为了配合文化部启动的这项工程和向联合国教科义组织申报"人类口头和非物质遗产代表作"的工作，大约在2003年中国艺术研究院成立了"中国民族民间文化保护工程国家中心"和"非物质文化遗产研究中心"两个机构。中国民族民间文化保护工程国家中心由刘茜副院长兼任主任，非物质文化遗产研究中心由我兼任主任，具体负责工作的是副主任高新生同志，他是一位很有成就的话剧研究专家，曾担任过我院话剧研究所副所长。当时成立非物质文化遗产研究中心，主要就是负责向联合国教科文组织申报"人类口头和非物质遗产代表作"工作。这个中心与后来成立的"中国非物质文化遗产保护中心"不是一回事。大约在2005年11月，中国艺术研究院根据工作需要，撤销了中国民族民间文化保护工程国家中心和非物质文化遗产研究中心，并将这两个机构合并，成立了"中国非物质文化遗产保护中心"，由我分管负责。后经中编办批准，中国非物质文化遗产保护中心正式挂牌成立，王文章担任主任，我担任常务副主任，田青担任副主任。根据中编办的批示，中国艺术研究院与中国非物质文化遗产保护中心是并列的两块牌子，这主要是为了有利于开展非物质文化遗产保护工作，特别是有利于开展向联合国教科文组织申报的工作，但实际上它就是中国艺术研究院下设的一个机构。可以说，我就是从参与中国民族民间文化保护工程与申报古琴艺术为联合国教科文组织公布的"人类非物质文化遗产代表作"开始，算是参与了非遗保护工作。从"中国民族民间文化保护工程"这个提法，你就会感受到时代的痕迹，而我国的非遗保护工作实际上就是从申报古琴艺术为联合国教科文组织的"人类非物质文化遗产代表作"和启动中国民族民间文化保护工程真正起步的。

2003年，我国向联合国教科文组织申报古琴艺术为"人类非物质文化遗产代表作"，具体申报工作由中国艺术研究院承担，我当时作为中国艺术研究院分管申报工作的副院长参与其中。说实在的，那时我的工作主要是服务，仅仅是"参与"，具体申报工作都是由音乐研究所的专家们做的，田青先生是主要的承担者。我在《中国非物质文化遗产清醒而坚定的守护者——谈谈我所知道的田青先生》一文中，已经写了申报古琴艺术的情况，这里就不重复了。

就中国的非物质文化遗产保护工作而言，2005年是关键的一年，其主要标志就是这一年国务院颁发了两个重要文件。一是2005年3月26日国务院办公厅颁布的《关于加强我国非物质文化遗产保护工作的意见》，最重要的就是明确了我国非物质文化遗产保护工作的目标、方针、原则：

> 工作目标：通过全社会的努力，逐步建立起比较完备的、有中国特色的非物质文化遗产保护制度，使我国珍贵、濒危并具有历史、文化和科学价值的非物质文化遗产得到有效保护，并得以传承和发扬。
>
> 工作指导方针：保护为主、抢救第一、合理利用、传承发展。正

确处理保护和利用的关系，坚持非物质文化遗产保护的真实性和整体性，在有效保护的前提下合理利用，防止对非物质文化遗产的误解、歪曲或滥用。在科学认定的基础上，采取有力措施，使非物质文化遗产在全社会得到确认、尊重和弘扬。

工作原则：政府主导、社会参与，明确职责、形成合力，长远规划、分步实施，点面结合、讲求实效。

二是2005年12月22日国务院颁布的《关于加强文化遗产保护的通知》，不仅进一步提出"充分认识保护文化遗产的重要性和紧迫性"，还提出了"加强文化遗产保护的指导思想、基本方针和总体目标"。大家注意，在国务院的这个文件中，把原先提出的工作指导方针明确为"基本方针"，这是非常重要的。在这个文件中明确提出了非物质文化遗产保护工作的总体目标：

通过采取有效措施，文化遗产保护得到全面加强。到2010年，初步建立比较完备的文化遗产保护制度，文化遗产保护状况得到明显改善。到2015年，基本形成较为完善的文化遗产保护体系，具有历史、文化和科学价值的文化遗产得到全面有效保护；保护文化遗产深入人心，成为全社会的自觉行动。

这两个文件的基本原则和基本精神，一直指导着我国这些年的非物质文化遗产保护工作。我认为这两个文件制定的非物质文化遗产保护工作的基本方针、工作原则、指导思想至今也没有过时。

2005年与非遗保护有关的另外一件重要的事情，就是我国向联合国教科文组织申报第三批"人类非物质文化遗产代表作名录"（原来叫作"人类口头和非物质遗产代表作"，从上一次申报古琴艺术开始，改为"人类非物质文化遗产代表作名录"）。2001年我国申报的是昆曲，2003年我国申报的是古琴艺术，2005年又是申报年，申报什么项目呢？从我国非物质文化遗产存续情况和各民族的团结出发，从文化部主管领导到专家学者都倾向于申报一个少数民族的代表作项目。后来确定申报新疆维吾尔木卡姆艺术，这与一位令人尊敬的老人有着重要的关系，他就是铁木尔·达瓦买提副委员长。他那个时候对申报新疆维吾尔木卡姆艺术非常关心和重视，多次向文化部有关领导和部门提出了意见和建议，并几次把我叫到他的家里，因为那个时候文化部委托中国艺术研究院具体承担向联合国教科文组织申报的工作，而我又是具体分管这项工作的副院长。一次，铁木尔·达瓦买提副委员长对我说，他建议成立新疆维吾尔木卡姆艺术保护协会，要我来当秘书长。我赶忙笑着对他说："副委员长，我不是研究音乐舞蹈的专家，我是研究《红楼梦》的。我根本不懂新疆维吾尔木卡姆，我当不了秘书长。"我还向他推荐周吉先生，我对他说："新疆艺术研究所的周吉先生是真正的研究新疆维吾尔木卡姆艺术的专家，他最合适。"听了我的话以后，老先生还是用不可商量的口吻说："我看你合适。"至今想起当年铁木尔·达瓦买提副委员长对新疆维吾尔木卡姆艺术的深厚情感及申报的急切心愿，我还是很感动，很想念这位敬爱的前辈。不仅铁木尔·达瓦买提副委员长对申报新疆维吾尔木卡姆艺术极为重视，新疆维吾尔自治区文化厅也非常重视，他们做了非常扎实的申报准备工作。新疆艺术研究所的负责人李季莲、著名专家周吉为了申报新疆维吾尔木卡姆艺术，不知到北京、到中国艺术研究院多少趟，我们曾多次在一起研究修改申报文本。

除确定新疆维吾尔木卡姆艺术为申报项目以外，我们还提出与蒙古国联合申报蒙古族长调民歌。当时之所以提出这个想法，是基于两个重要原因：一是蒙古国已经成功申报了马头琴为联合国教科文组织"人类非物质文化遗产代表作名录"，我们已经意识到蒙古国第二个申报项目一定会是蒙古族长调民歌或呼麦，如果蒙古国再申报了蒙古族长调民歌或呼麦，而我们无所作为、无动于衷，那将是极大的错误，也对不起内蒙古人民；二是根据联合国教科文组织关于申报"人类非物质文化遗产代表作名录"的相关规定，鼓励两个以上国家联合申报，且联合申报不占名额。也就是说，如果我们与蒙古国联合申报蒙古族长调民歌，就有可能一次成功申报两个"人类非物质文化遗产代表作"项目。但那个时候，许多人对联合国教科文组织的相关规定不熟悉，总觉得已经确定要申报新疆维吾尔木卡姆艺术了，再申报蒙古族长调民歌，不大可能成功，所以开始有关方面对联合申报不太积极。为了推动与蒙古国的联合申报工作，我曾和文化部外联局国际处邹启山同志开车直奔呼和浩特。当时北京到呼和浩特还没有通高速公路，只有一段刚刚修好的高速公路，还没有通车，我们是"违规"上了这段高速公路，记得开了一路没有遇见一辆车。到了呼和浩特，当天晚上我们就与内蒙古自治区文化厅的负责同志研究分析申报蒙古族长调民歌的事宜，这引起了内蒙古自治区文化厅领导的高度重视。我们从呼和浩特回到北京没几天，内蒙古自治区文化厅艺术研究所乔玉光所长就来中国艺术研究院找我，开始了联合申报的准备工作。乔玉光是一个非常好的蒙古族汉子，学问、人品、能力都是一流的。为了保证与蒙古国联合申报工作顺利进行，文化部还邀请蒙古国文化部门的有关领导、蒙古国长调民歌的著名艺术家到呼和浩特、锡林郭勒、二连浩特、北京访问，蒙古国文化代表团还专门访问了中国艺术研究院，我们就两国联合申报蒙古族长调民歌进行了充分的讨论，并取得共识。2005年6月18日至22日，我还率团去蒙古国访问，在乌兰巴托访问期间，中国驻蒙古国大使馆文化处给予了强有力的支持。文化参赞王大奇充分发挥他的聪明才智和谈判艺术，终于促成了与蒙古国联合申报蒙古族长调民歌，代表中国在联合申报文本上签字的就是他，可以说联合申报成功他功不可没。

  这次我率团到蒙古国访问，促成了联合申报，非常高兴。我和代表团一部分同志先离开乌兰巴托回国，乔玉光所长等内蒙古自治区文化厅的同志还要留下处理一些具体事情。上飞机之前，我突然想到一件事，两国联合申报的文本中要附上蒙古国方面提供的地图，我对乔玉光说，你一定要好好看看蒙古国提供的地图和我们国家的地图是不是一样的，千万不要出事，这非同小可。果然，乔玉光认真核对了蒙古国提供的地图，发现蒙古国提供的地图和我们国家印制的地图有一点点差异，乔玉光他们及时替换成了中方提供的地图，避免了一次事故，这真要给他记上一功。乔玉光无疑是联合申报蒙古族长调民歌的功臣，对推动内蒙古自治区非物质文化遗产保护工作做出了突出贡献。他后来从艺术研究所所长升为内蒙古自治区文化厅副厅长，这在全国的文化系统中是少有的，这与他在联合申报蒙古族长调民歌、推动内蒙古自治区非物质文化遗产保护工作的突出成绩不无关系。今天回忆起当年为联合申报蒙古族长调民歌所做的事情，很是有些成就感。后来成立了"中华人民共和国、蒙古国蒙古族长调民歌联合保护协调指导委员会和专家工作组"，我这个根本不懂音乐、更不懂蒙古族长调民歌的人竟成为这个指导委员会的一员和中方专家组组长。当然，我清楚地知道我这个"专家组组长"所能做的还是扮演为保护工作服务的角色。

2005年向联合国教科文组织申报新疆维吾尔木卡姆艺术及与蒙古国联合申报蒙古族长调民歌，其实在当时遇到的困难是很大的。在联合国教科文组织评审之前，我们得到一个重要信息，那就是我们申报新疆维吾尔木卡姆艺术可能有问题，原因是在前两批申报中，有些国家已经申报了木卡姆艺术这样的项目，我们此次再申报，很可能通不过。倒是与蒙古国联合申报的蒙古族长调民歌估计不会有什么问题。这个信息让我们压力倍增，如果新疆维吾尔木卡姆艺术不能申报成功，那将意味着这一次我们国家单独申报的项目一个也没有了，更何况这是我国第一次申报一个少数民族的项目，问题有多大，不难想象。当时我们得到这个信息后，简直不敢多想。我的压力大，中国艺术研究院压力大，外联局国际处的压力大，作为国际评委的张振涛压力更大。

下面是我2005年11月9日的日记，重新翻出来，感觉非常有意思。为了让大家也感受当年"燃情"岁月的那种气氛，我在这里将我的日记原文照录：

2005年11月9日（三）晴

上午到办公室，找张振涛同志谈向联合国教科文组织申报"人类非物质文化遗产代表作名录"事宜，我向振涛提出几个需要注意的问题：（1）我国和蒙古国联合申报蒙古族长调民歌估计问题不大，但我国单独申报新疆维吾尔木卡姆艺术估计会有一定的困难，主要是上一次（2003年）已有三个国家申报了相近的木卡姆艺术，而此次我国又与蒙古国联合申报蒙古族长调民歌，我国实际上是申报了两个代表作项目，因此我们应该做好充分的思想准备，包括学术上的充分说明。我要求振涛就有关的内容写好英文稿子，以便向联合国教科文组织相关部门及外国的评委们充分介绍我国的项目，争取得到他们对中国申报的理解和支持。（2）我要求振涛立即向文化部外联局国际处汇报，要求给予明确的指示和切实的帮助，如通过我国有关的外事机构与有关国家的评委沟通，以求得到支持。（3）请求文化部外联局与国家文物局联系，请国家文物局的专家给我们介绍他们参加国际评审的经验和办法。（4）请求文化部外联局指示我驻法国的外事机构对张振涛给予全力帮助。（5）……（6）……我对振涛说："你可是亚洲地区唯一的评委，你代表的是中国，一定要完成任务。"我要求振涛谈完话立即给文化部外联局写报告汇报。我感觉到振涛的压力很大。与振涛谈完话后，我开玩笑说："振涛，完不成任务你就别回来了，是跳埃菲尔铁塔还是跳塞纳河，你选一个吧。"振涛笑着说："我别跳塞纳河了，我会游泳，跳塞纳河也淹不死我，尽折腾了。我还是跳埃菲尔铁塔吧。"

今天再看当年的日记，忍不住笑出声来，当年的情景就像昨天发生的事情一样，历历在目。今天说这些事，像是讲一个轻松愉快的故事，可是你要知道，当年我们这些参与具体工作的人承受着多么大的压力！当然，张振涛既没跳埃菲尔铁塔，也没有跳塞纳河，他圆满地完成了任务。新疆维吾尔木卡姆艺术和蒙古族长调民歌，都成功地入选联合国教科文组织公布的"人类非物质文化遗产代表作名录"。当评审会通过了我国申报的项目以后，振涛在第一时间从巴黎给我打了电话，接到电话以后我极为兴奋，那天晚上喝了酒。张振涛是对我国非遗保护有大功劳的人，当年他是中国唯一的参加评审"人类非物质文化遗产代表作名录"的国际评委，也是亚洲唯一的国际评委，他学问好、外语好、人品好。从那时至以后很长时间，他和我一样，都为我国的非物质文化遗产保护而努力工作着。

如果说2005年是中国开展非遗保护工作关键的一年的话，那么2006—2009年就是非遗保护工作最忙的几年，也是最为"燃情"的几年。

2006年2月12日是正月十五，由文化部等部门主办、中国艺术研究院具体承办的"中国非物质文化遗产保护成果展"在中国国家博物馆举办，田青先生是总策划和主要负责人。这次展览是中国有史以来规模最大、影响最大的一次非物质文化遗产保护成果展览，是中国非遗保护工作的一个里程碑。正是从这次展览开始，上至领导，下至普通百姓，都对中国非物质文化遗产及其保护的认知有了一个质的飞跃。

2006年6月10日是中国第一个文化遗产日。当天晚上在民族文化宫举办的非物质文化遗产专场演出由田青先生主持，演出非常成功。至今我还清楚地记得田青先生宣布演出结束后的情景，当时全场观众起立鼓掌足足有几分钟，场面热烈感人，可见人们对非遗保护的认可。演出结束后，文化部周和平副部长在民族文化宫答谢参加演出的演职人员，大家欢歌笑语，场面热烈。特别是来自少数民族地区的朋友们，他们从来没有想到伴随着他们生活的那些土得掉渣的民间艺术，能在首都的舞台上演出，还受到中央领导和北京人民这样的欢迎，他们非常高兴、非常自豪。那天晚上的答谢晚会充满了喜悦、欢乐、激情，人人都受到深深的感动。今天想起当时的情景心情还是很激动。那种真情、深情、激情，那种为保护非物质文化遗产做出努力后的成就感和使命感，使当时的每一个人都激动万分，感动万分。

2006年7月13日，周和平副部长主持召开了"国家非物质文化遗产保护工作专家委员会第一次会议"。这个专家委员会共有68名委员，冯骥才先生是主任委员，我很荣幸地成为其中的一员。这个"第一次"意义重大：一是68名委员包括民间文学、民俗、传统音乐……各个领域的专家学者，以这个委员会为核心，团结联系了全国的各个方面的专家学者，为中国的非物质文化遗产保护、评审、理论研究发挥了重要的作用；二是文化部主管领导、主管部门非常尊重专家学者的意见，这对文化部关于非物质文化遗产保护工作决策是一个重要的保障。我国非遗保护的实践证明，这个专家委员会对推动我国的非遗保护工作起到了极其重要的作用。

2006年7月31日，文化部在黑龙江牡丹江市举行"全国非物质文化遗产保护工作会议"，这又是一个"第一次"，即第一次举办全国非物质文化遗产保护工作会议。记得有好几个省的领导都来参加这个会议，可见他们对非遗保护工作的重视。这次会议在我国非物质文化遗产保护工作中具有十分重要的意义。

2006年9月14日，"中国非物质文化遗产保护中心"在中国艺术研究院举行了挂牌仪式。王文章任主任，我任常务副主任，田青任副主任。中国非物质文化遗产保护中心的成立，在中国非物质文化遗产保护工作进程中无疑是一件十分重要的事情。当时文化部还没有成立非遗司，由社文司负责非遗保护工作。中国非物质文化遗产保护中心成立以后，我国的非遗保护的许多工作都是由这个中心承担的。中国非物质文化遗产保护中心依托中国艺术研究院强大的科研力量，团结联系全国的非物质文化遗产保护工作的同志和专家学者，在推动我国的非物质文化遗产保护工作中发挥了重要的作用。

2006年10月11日，文化部在甘肃庆阳环县举办了"全国非物质文化遗产保护经验交流会"，具体会议筹备由中国非物质文化遗产保护中心承担。

2006年12月5日，"中华人民共和国、蒙古国蒙古族长调民歌联合保护协调指导委员会和专家工作组"工作会议在呼和浩特举行，受大会委托，我主持讨论并通过了工作章程和联合公报。

2006年12月13日，"全国非物质文化遗产普查暨第二批国家级非物质文化遗产名录申报工作培训班"在福建泉州举办，也是由中国非物质文化遗产保护中心承办的。

从年初的中国国家博物馆的非遗大展，到年底在泉州举办的培训班，把2006年称为"非遗年"一点也不过分。这一年围绕非遗保护做了这么多的事情，难怪在这一年评出的十大热门词语中，"非遗"就占了两个——"非遗""原生态"。

就非物质文化遗产保护工作而言，2006年就是一个字——"忙"。到了2007年，还是忙。2007年有两件大事要好好说一说：一是去巴黎，在联合国教科文组织总部举办中国非物质文化遗产代表作展览和演出；二是在中华世纪坛举办了一次中国非物质文化遗产专题展。

2007年4月16日，在巴黎联合国教科文组织总部举办的"中国非物质文化遗产艺术节"，无疑是一件在中国非物质文化遗产保护史上具有里程碑意义的大事。这次活动由中华人民共和国文化部主办，中国艺术研究院中国非物质文化遗产保护中心承办。艺术节分为主题展览和专场演出两个板块，充分展示了中华文明的博大精深和中国非物质文化遗产的丰富多样，充分展示了中国保护非物质文化遗产的努力和成就。这不仅是第一次把中国非物质文化遗产及其保护成就在联合国教科文组织的舞台上向全世界生动展示，也是联合国教科文组织有史以来第一次邀请一个国家在其总部举办非物质文化遗产展演活动。当然，我们把中国非物质文化遗产保护成果拿到联合国教科文组织总部去展演，还有一个目的，即推动在中国建立联合国教科文组织支持的亚太地区非物质文化遗产国际培训中心。但是，到联合国教科文组织总部举办展演，谈何容易？

2007年1月7日，联合国教科文组织公共关系与文化活动处处长爱丽丝女士到中国艺术研究院访问，文化部外联局的同志告诉我们，爱丽丝女士是一个非常认真负责任的官员，是联合国教科文组织中一个十分重要的人物。我们要在联合国教科文组织总部举办非物质文化遗产展演活动，必须经过她的批准，因此爱丽丝女士的态度无疑是至关重要的。原来以为爱丽丝女士可能不是很好说话，谈展演的事情不一定很顺利，毕竟联合国教科文组织还没有允许一个国家在其总部举办这样大型的展演活动。说实话，接待爱丽丝女士会有什么样的结果，我们心里一点底也没有。但令我们意想不到的是，与爱丽丝女士的讨论竟非常顺利，她对中国非常友好，尤其是她和田青先生一见如故，因而我们谈展演的事就没有任何问题了。

说不清楚爱丽丝女士为什么对田青先生那样敬佩，甚至是有点崇拜了。在我们商谈中，爱丽丝女士一再邀请田青先生尽快去巴黎访问，落实展演事宜。爱丽丝女士是2007年1月7日访问中国艺术研究院的，田青先生和孙滨是1月14日去巴黎考察的，1月18日他们又从巴黎回来，可谓来去匆匆。田青老哥不辱使命，不仅顺利地敲定在联合国教科文组织总部展览演出一应事宜，爱丽丝女士甚至大方地免去我们所有的费用，据说本应该收20万欧元的场地费（包括展览和演出场地）及其他相关费用，现在是一分钱也不要了。须知，按当时的汇率，田青先生靠他的个人"魅力"，为国家省了大约200万元人民币。

2007年4月16日下午，在联合国教科文组织总部举行了"中国非物质文化遗产艺术节"开幕式，文化部周和平副部长陪同联合国教科文组织总干事松浦晃一郎参观展览，当他们走到唐卡展品前时，唐卡艺术大师西合道向总干事献了哈达。在剪纸艺术大师刘静兰的展台前，刘静兰大师当场剪了一幅作品送给了松浦晃一郎总干事，场面热烈。特别是刘静兰大师一边向总干事介绍她的作品，一边剪着手中的纸，顶多一分多钟的时间，一件精美的剪纸作品就展示在总干事的眼前，并送给了总干事，总干事真是既惊喜又敬佩。当天晚上在联合国教科文组织总部礼堂演出，我在写田青先生的文章中已有详细的描绘，不重复了。一句话，成功。当演出圆满结束的那一刻，在现场的每一个中国人都是无比激动，教育部章新胜副部长激动地说，看了这场演出，对发达国家来说是震撼，对发展中的国家来说是鼓励。联合国教科文组织分管文化的副总干事也说，你们不是要申请成立亚太中心吗，看了这场演出没有人会反对了，都会同意你们的申请。爱丽丝女士无疑是当天晚上最高兴的人，此时此刻她的喜悦溢于言表，她的真诚、热烈和对中国的友好也感动了在场的每一位中国人。我们永远不会忘记这位热情帮助我们的爱丽丝女士。

现在该为建立联合国教科文组织支持的亚太地区非物质文化遗产国际培训中心多说几句话了。随着我国非物质文化遗产保护工作的深入发展，我们要向联合国教科文组织申报"人类非物质文化遗产代表作名录"，不可避免地要开展国际文化合作。我们需要国际社会真正了解中国非物质文化遗产保护工作，我们也需要学习国外成功的经验，而中国又要承担起一个负责任的文化大国的责任，因此当我们听说日本、韩国都有意申报亚太中心时，我们也要申报成立亚太中心就是自然而然的事情了。

2007年，文化部正式致函联合国教科文组织，提出在中国建立亚太中心的申请，日本、韩国也相继提出了申请。但选择在哪个国家建立亚太中心，联合国教科文组织遗产处是要进行考察的，看看到底哪个国家更具备建立亚太中心的条件。联合国教科文组织遗产处处长是日本人爱川纪子女士，她是一位非常专业、认真的官员，她的态度无疑是至关重要的。因此对她来考察，从文化部到中国艺术研究院，都高度重视。

爱川纪子女士对中国还是很友好的，她对中国非遗保护工作的成就非常肯定，但对建立文化生态保护实验区有些疑惑。我向她介绍我们国家建立文化生态保护实验区的情况时，她总是反复问，政府为什么要建立文化生态保护实验区呢？我感到她似乎认为非物质文化遗产保护主要是项目持有者的事，政府不能干涉他们拥有文化遗产的权利。我们反复解释，建立文化生态保护实验区是我们国家非遗保护的一项重要举措，是基于非物质文化遗产的本质特征及其生存环境的需要而建立的。建立文化生态保护实验区不仅不会干涉项目持有者的权利，反之政府出台相关的政策法规，包括资金的投入，是为了更好地保护这些非物质文化遗产的生存，为传承人传承提供有力的保障。反复介绍后，她总算是理解了。

接待爱川纪子等联合国教科文组织遗产处的官员和专家，我们非常需要一位既懂非遗保护外语又好的专家来向他们介绍中国的情况。为了保证汇报的效果，汇报时必须是直接用英语讲，而不是通过翻译。张振涛先生英语非常好，但由于他是国际评委，身份敏感，我们就需要另外找其他人，但又必须是中国艺术研究院的专家学者（因为亚太中心要设在中国艺术研究院）。中国艺术研究院懂非遗的专家很多，音乐、戏曲、美术、曲艺等都有不少专家，但既懂非遗保护外语又好的专家却不多。有人向我推荐说，舞蹈研究所副所长江东的外语相当棒，在中国艺术研究院的学者中外语水平超过他的恐怕没有几人，这让我非常高兴。江东是研究中国舞蹈的著名学者，虽然这些年没有参与非遗保护的具体工作，但他具有的专业知识背景来"冒充一下"非遗保护专家应该没有问题。我和江东同志一谈，他一口答应，并且很有信心，这样，剩下的事情就是抓紧时间准备汇报材料了。记得向联合国教科文组织遗产处来考察的专家汇报的那一天，江东特意打扮了一番，穿着一件漂亮的西装，精神抖擞，流利的外语，潇洒的风度，令外国专家刮目相看。汇报非常成功，甚至连考察专家提出的问题，他都能够圆满地回答，可见我们准备得是相当充分的。说起来十分有趣，我们本来就是让江东"扮演"一次非遗保护专家，是为了向联合国教科文组织遗产处专家考察汇报的需要，不想后来江东还真成为我国第一个获得联合国教科文组织颁发的具有培训资质证书的学者。

2008年，中国、韩国、日本三国达成共识并签署备忘录，联合国教科文组织分别在三个国家建立三个"亚太中心"，中国的亚太中心以培训为主，日本的亚太中心以研究为主，韩国的亚太中心以信息和网络建设为主。2009年10月在联合国教科文组织第35届大会上审议通过了在三个国家建立亚太中心的申请。2010年5月18日，在中国艺术研究院举办了亚太中心揭牌仪式，由文化部赵少华副部长、联合国教科文组织总干事伊莉娜·博科娃共同揭牌。

现在的年轻人估计根本就不知道我们当年这些"拓荒者"都做了什么，当然这都是无所谓的事。前不久，见到江东，他还说他有联合国教科文组织颁发的非遗培训资质的证书，你们为什么不让我去讲课呢？是啊，江东是一个很优秀的学者，是研究舞蹈的专家，我们让人家"冒充"完了，不再用人家确实有点不够意思，我真是有点愧对江东了。因为在我主持亚太中心揭牌仪式以后不久，就因工作的原因，不再分管国家非遗中心和亚太中心的工作了。但我们不能忘记江东为建立亚太中心所做的贡献。

毫无疑问，在我国建立的亚太中心是我国在非物质文化遗产保护领域积极开展地区和国际合作的重要平台，为亚太地区非物质文化遗产保护工作揭开了崭新的一页，对在联合国教科文组织《保护非物质文化遗产公约》框架下开展亚太地区多边合作，维护亚太地区文化多样性和创造性，促进人类共同发展具有重要意义。

2007年6月9日是我国第二个文化遗产日，我们在中华世纪坛举办了中国非物质文化遗产专题展，这是继2006年中国国家博物馆非遗大展后的又一次非遗展览。这次展览定位为"专题展"，是为了更充分展示非遗代表作的魅力，更充分展示非遗保护的成果。展览分为五个专题：年画、剪纸、皮影、木偶、染织。

2008年同样是"忙"的一年，但这一年令我们永远不会忘记的就是汶川大地震。

2008年5月12日，四川汶川发生大地震，我那天正带队在陕西考察非遗保护工作。回到北京以后，就赶紧筹备文化遗产日的活动。我们原来安排文化遗产日期间有非物质文化遗产专场演出，一个省一个专题，四川省演出的是"蜀风古韵——四川民族民间歌舞"专场，有汶川、茂县等四个节目，其中还有羌族的非遗项目表演。鉴于汶川、茂县是最严重的灾区，我们请示有关部领导以后，打算去掉汶川、茂县羌族的表演节目，以为他们也不可能来北京了。5月15日，我让国家非遗中心大型活动处负责人张定青同志与四川省文化厅联系，四川省文化厅的同志告诉我们受灾最严重的几个地方的同志坚定地表示，一定要来北京演出，绝不向灾难屈服。我们向部领导汇报以后，大家都非常感动。四川的节目原本安排在6月16日至18日，我们根据部领导的要求把四川的节目调到6月14日晚上，因为这一天有中央领导观看演出。那一天晚上，"蜀风古韵——四川民族民间歌舞"专场在民族文化宫演出，当来自汶川、茂县战斗在抗震救灾第一线的羌族朋友出现在舞台上时，全场的观众含着热泪使劲地鼓掌，为四川加油，为汶川、茂县加油。这一场演出既是非遗项目的生动展示，更是不屈的抗震救灾精神的坚定展现，至今我都不会忘记当时的激动场景，因为我从中得到的震撼和感动一辈子也不会忘记。

2008年6月17日，文化部在京西宾馆召开了"灾区非物质文化遗产保护工作座谈会"，周和平副部长出席并讲话。文化部领导要求，由国家非遗保护中心组织相关专家去四川灾区考察，决定让我去四川。我那时洗澡不小心摔倒了，整个右臂淤血，我是吊着胳膊去四川的。6月20日，我们一行四人到达成都，同行的有中央党校的徐平教授（他是研究羌文化的专家）、中国艺术研究院李荣启研究员和国家非遗保护中心的张巍巍。为什么只有四个人去四川呢？原因是当时抗震救灾交通状况很紧张，各单位的车辆也很紧张，我们只能开一辆车去考察，所以不能去很多人。我们的任务是到灾区考察非物质文化遗产保护的情况，特别是羌文化保护的情况。原本我们是要乘直升机去汶川和茂县考察的，因为汽车很难进去。但抗震救灾指挥部从安全考虑，没有批准我们的请求。当天下午我们就乘车去了都江堰、彭州。都江堰文化局和群艺馆的同志汇报了受灾情况，特别是非物质文化遗产的损失情况。都江堰有50%的房屋成为危房，损失情况十分严重。在彭州，我们看了桂花镇土陶制作技艺的情况。

6月21日上午9点我们出发去北川羌族自治县（简称北川县），中午到达安县。在安县文化馆我们见到了北川文化局的同志。北川县文化局局长和副局长介绍了情况。记得两位局长都姓林，林局长家里有7个亲人遇难，林副局长家里有3个亲人遇难，其中就有他10岁的小女儿。当时北川的同志都在安县办公，中午我们吃自己带去的方便面。下午我们去北川县，由于那天许多灾民回家取东西，林副局长的妻子也跟着我们的车回了家，但开始我们并不知道她是林副局长的妻子。在倒塌的北川中学大楼前，我们看到一对夫妻拿来一箱子小孩子的衣服在烧，大家的眼泪都忍不住地流，太惨了。在离开北川往回走的路上，我们才知道坐在我们车后排座的那位女同志就是林副局长的妻子，她这次回来在几乎坍塌的楼里找到了女儿的相册。她10岁的女儿本来要到绵阳去读书的，却不幸赶上了地震。她把女儿的照片递给我们看，当我们看到一个10岁非常漂亮可爱的小女孩的照片时，一车人都非常难过，都流泪不止。她说，我们早把眼泪流光了。她确实没有流泪，而我们听到她的话后哭得就更厉害了。

在绵竹考察时，当地文化局的同志一定要请我们吃饭，我们当然不能同意，出发前我们有严格的纪律，绝不给抗震救灾工作添麻烦，所以我们带了许多方便面和矿泉水。我们反复和绵竹的同志解释，一位同志说，我们有一个多月没有吃一口热乎饭了，你们来了沾沾你们的光，吃一个炒菜吧。他这样说让我们很难过也很为难，后来和四川省文化厅的同志商量，就炒一个菜，我们买单，这样就在路边的简易饭店炒了一个菜。看到当地同志吃得那样香，我们的心里是很难过的，他们太不容易了，不到灾区来，这种情景是难以想象的。

6月23日，我们回到成都。6月24日，受周和平副部长的委托，我主持了"全国非物质文化遗产抢救保护工作座谈会"，在这个会上制定了《汶川地震灾区非物质文化遗产保护与重建规划》。

2008年还有一件事要说一说，这就是召开了"中国向联合国教科文组织申报'人类非物质文化遗产代表作名录'和'急需保护的非物质文化遗产名录'评审工作会议"。这次评审工作会议也是由国家非遗中心具体承办的。2009年是申报年，但这次申报和以前不一样。以前是两年申报一次，一次一个国家只能申报一个项目。从2009年申报开始，则不再限制各国申报项目的数量，正是因为这个变化，所以我们提前到2008年9月3日召开了评审会。我受领导委托，首先在会上做了评审工作的情况说明。以前开评审会，只能报一项，比较好办。这一次不限制名额了，反而麻烦了。报多少项？报哪些项？一时很难决定。当时外联局国际处的同志，从以往外事工作的经验考虑，建议这一次最多报5项，认为报多了没有用。而中国艺术研究院和国家非遗中心的专家评委认为，既然联合国教科文组织不限制名额了，我们不妨多报一些，能争取一项是一项，多报一些评不上也没有关系。后来经充分讨论，评审会决定这一次"人类非物质文化遗产代表作名录"报15项，"急需保护的非物质文化遗产名录"报5项。评审会后，我们得到一个重要的信息，即印度要报30项，日本要报15项，法国要报10项，其他国家都是10项以下。特别是听说印度要报30项，让我们十分吃惊，我们赶紧向文化部领导报告，根据部领导的指示，我们立即通知原先确定的预备项目到北京来开会。9月8日，我在外国专家大厦主持召开了"中国向联合国教科文组织申报'人类非物质文化遗产代表作名录'和'急需保护的非物质文化遗产名录'初选项目暨备选项目申报文本协调会"。这次协调会确定报35项"人类非物质文化遗产代表作名录"和5项"急需保护的非物质文化遗产名录"。在外国专家大厦,我们加班加点工作了20天,终于在9月28日早上8点准时将全部申报材料送到了首都国际机场,交给了文化部外联局去巴黎的同志。后来的事情大家都知道了,联合国教科文组织遗产处以需要修改的名义退回13项,我国正式申报22项。在2009年那次评审中,我国申报的22项全部通过,我国也成为世界上入选"人类非物质文化遗产代表作名录"最多的国家。那一年全世界通过了76项,中国就有22项,可谓举世瞩目,这是国际社会对中国非物质文化遗产保护工作的充分肯定。

2009年也有两件事堪称非遗保护的盛事:一是年初在北京农业展览馆举办的"中国非物质文化遗产传统技艺大展";二是11月在台湾举办的"守望精神家园——第一届两岸非物质文化遗产月"活动。

2009年2月9日,又是一个正月十五,"中国非物质文化遗产传统技艺大展"再一次引起人们的热情和关注,每天参观展览的观众非常多,仅广场上排队等着进展馆的就有两三千人,排成三四圈,非常壮观,媒体的记者看到这种情景无不感叹——非遗的魅力竟这么大。几乎每天都是这样的"壮观场面",这个生动热烈的情景反映出这几年来非遗保护的理念已经深入人心。

在元宵节晚上,我们还举办了驻华使节专场,来了53个国家的外交官,有5位大使。这些外交官对中国非物质文化遗产非常感兴趣,他们对中国在走向现代化的进程中这样重视非物质文化遗产保护非常钦佩。

2009年11月在台湾举办的"守望精神家园——第一届两岸非物质文化遗产月",又是一件在海峡两岸文化交流中具有里程碑意义的盛事。本次活动包括三部分内容:(1)"国风——中华非物质文化遗产专场演出";(2)"根与魂——中华非物质文化遗产大展";(3)"保护·传承·弘扬——两岸非物质文化遗产论坛"。这三项内容也都是在田青先生主持下策划落实的。我是"国风——中华非物质文化遗产专场演出"的带队团长,田青先生是艺术总监，代表团有154人之多，演员就有将近140人，其中大部分都是来自8个民族的民间艺人，其中包括昆曲、古琴艺术、新疆维吾尔木卡姆艺术、蒙古族长调民歌及呼麦、侗族大歌、朝鲜族农乐舞等联合国教科文组织公布的"人类非物质文化遗产代表作"项目。

11月1日，赴台人员在北京西藏大厦集中，那时北京已经有些凉了，可我们发现云南唱侗族大歌的演员却没有带御寒的棉衣，我们赶紧派人去商场买了19件羽绒服。11月4日晚，在中国艺术研究院礼堂进行了彩排，效果非常好。

我们是11月5日赴台的。到台湾后的当天下午，我们正在召开领队的会，就发生了地震，晃得还挺厉害，事后得知是南投县发生了地震。这次地震让我们头脑里的弦又紧了几圈，为了保证在台湾展演成功，我们认真研究做了预案，以备应付突然发生的情况。在台北市中山堂的两场演出非常成功，在台湾引起强烈的共鸣，让台湾民众充分领略了中华文化瑰宝的魅力。但到台中市时，遇到瓢泼大雨，而这里的演出场地又是露天剧场，我们真担心，第二天如果还是下雨天，演出可就泡汤了。没想到第二天晴空万里，晚上演出时天气非常好，露天剧场坐了4000多人。那天的演出同样是非常成功的，特别是朝鲜族农乐舞演出时，一位演员把头上的飘带甩出去几十米远，全场轰动。这次展演活动历时一个多月，从台北市走到台中市，这是海峡两岸恢复往来20多年来，规模最大、内容最为丰富、意义最为不凡的非物质文化遗产盛会。

在我亲历的"燃情"岁月里，我的许多同事、朋友、师长和我有着一样的经历，也给我留下许多难忘的回忆。

我永远不会忘记资华筠先生。资先生是我非常尊敬的师长，她于2014年12月9日去世，至今已经快六年了，我一直想写一点怀念的文字，谈谈我心中的资先生，这种想法越来越强烈，不写写对资先生的怀念，就像自己做错了什么事情似的。

记得资先生去世的时候，我正在沈阳，当我从朋友的微信上看到资先生去世的消息，我简直不敢相信，虽然我们都知道资先生生病多年，但她在我的心中总是那样充满了活力、那样的厉害，难道这么一个充满了活力又非常厉害的资华筠先生，就这么走了吗？

你或许注意到我总是称"资先生"，是的，在中国艺术研究院，大家对资先生的称呼有好几种，私底下大家说得比较多的是"资头"，因为她当过中国艺术研究院舞蹈研究所的所长，这个称呼可能就是从她当所长以后才叫起来的。不过这种称呼，年轻一点的人当着资先生的面一般是不用的。在我的印象中，似乎是年纪比较大的或与资先生关系比较密切的老先生们，可以当着面叫"资头"。大多数人在公开的场合或称"资老师"，或称"资先生"，而称"资先生"可能多一些。从对资先生的称呼中，你已经感觉到了，在中国艺术研究院大家对她的尊重。资先生能得到大家的尊重、敬重，是因为她无论是学问还是为人，都是值得敬重的，她是一个大写的人。

在中国，资先生是唯一一个获得过艺术表演最高职称和艺术研究最高职称的人，因为她既是著名的舞蹈家，又是著名的舞蹈研究专家，是舞蹈学少有的博士研究生导师。许多著名的舞蹈研究专家都是她的博士研究生，如担任过文化部艺术司司长、科教司司长的于平先生，现任中国舞蹈家协会主席的冯双白先生等。接任冯双白先生担任中国舞蹈家协会分党组书记、驻会副主席的罗斌先生则是资先生的博士后。从这方面来讲，在中国舞蹈界恐怕没有第二人能像资先生有如此显赫的地位。说实话，当资先生的学生不容易，为什么，因为资先生太厉害，要求非常严格，写不好论文肯定要挨骂。她的认真、负责任，她的严厉，在中国艺术研究院是出了名的。所以从资华筠先生那里学习，不容易；能从她那里毕业，也了不起；如能得到她几句表扬的话，那就更不容易了。

我和资先生是同事，很早就认识，但她是前辈学者，和我们这一辈的人接触并不多。和资先生熟悉起来还是因为非遗，我们都是国家非遗保护工作专家委员会的成员，资先生是专家委员会的副主任，我又是中国艺术研究院分管非遗工作的副院长，因此为非遗保护工作我们经常在一起开会，经常一起参加与非遗保护有关的活动。资先生与田青先生一样，也是一位清醒而坚定的非遗守护者。资先生有两个观点在非遗领域是非常有名的：一是"重要的是教育领导干部"。这是她的名言，她认为非遗保护工作能不能搞好，关键在于领导干部的认识是不是真正提高了，关键在于领导干部是不是真正重视了。二是她不同意"原生态"的提法，提出"原真性"，她认为非物质文化遗产是人类的"精神植被"。资先生关于非遗保护的种种思考都是很深刻的，对我国非遗保护的理论探索做出了重要的贡献。

在我的非遗战友中，我永远忘不了李珂——中国非物质文化遗产保护中心原办公室主任。2006年9月23日是个星期六，晚上8点多我和院外事处处长王路及李珂一起乘飞机去南京，当天晚上我们住在南京大学南苑宾馆，第二天参加了在南京大学召开的保护非物质文化遗产传统手工艺的国际学术研讨会。9月24日晚，南京云锦研究所王宝林所长请我们在秦淮河边吃饭。9月25日上午，我们三个人又飞回北京。9月26日，我一天的时间主要是召集有关人员研究在甘肃环县召开全国非物质文化遗产保护工作会议的事情，这是文化部交办的任务。那一天我曾两次找李珂研究工作，因为会议筹备的许多事情由他负责。27日上午，我到文化部参加全国艺术科学"十五"规划2005年西部课题评选会，刚开会不一会儿，国家非遗中心王丹同志打来电话，说刚刚（上午9点）李珂去看望老战友，在老战友家里突发心脏病去世。我听到信息，极为震惊，难以置信，心如刀绞。两天前我们还一起去南京开会，前一天我还两次找他商量去环县开会的事情，不想竟是永别。田青先生得知李珂逝世的消息，有挽联发给我："一生谦谦和和待人宽厚堪称真君子；半世兢兢业业做事细心谁言不丈夫。"诚如田青先生挽联所言，李珂是一个性格内向，性情谦和，但做事非常认真负责又细心的人，在国家非遗中心他是办公室主任，协调各处室工作，能力很强，心很细，交给他的工作，从来没有办不到的，从来不知道叫苦，也从来不在领导面前表功，表扬他时顶多笑一笑，平时很难得见他笑一笑的。李珂也是一个当过兵的人，去世时才刚刚50岁出头，可惜了，每每想起就很难过。

我永远不会忘记乌丙安先生，永远不会忘记祁庆富先生，也永远不会忘记那些年在非遗保护工作中帮助过我、支持过我、教育过我的老师、同事、朋友。

在国家非遗中心我的一些"大朋友""小朋友"们，他们和我一起亲历了非遗保护"燃情"的岁月，他们是田青、谢克林、罗微、郑长铃、王丹、王燕萍、张定青、许元等，还有一些年轻的小丫头、小伙子们：葛玉清、王文馨、韩泽华、高瑜、廖燕飞、马岩、翟风俭、傅秋、丁鼎、汪欣、冯卓慧、张巍巍、李宏锋、侯百川等，有些名字我可能都忘记了。这些当年的小丫头、小伙子们如今差不多都成了小丫头、小小子的妈妈爸爸了，当年在国家非遗中心他们几乎天天加班，还没有什么加班费、劳务费。他们常常开玩笑说，应该给他们发双份工资，当然这是应该的，但绝对是不可能的。他们其实最想早一点回家，别加班了。对这些"大朋友""小朋友"们来说，他们所做的"工作"远远比我多得多，远远比我更忙、更累，因为具体工作都是他们在做。还有中国艺术研究院的一批专家学者，他们和我一样都是那个"燃情岁月"的亲历者。

我和田青先生的友谊就是在非遗保护的"燃情岁月"里建立起来的。我的那篇写田青的文章，其实只是写了我与田青"故事"的很小一部分。在那些日子里，我们俩几乎天天在一起"办公"，田青先生的为人、能力、睿智、博学，都给我留下了极为深刻的记忆。就非遗保护工作而言，田青先生对我的影响最大。我讲课或接受记者采访后，田青先生总是开玩笑说，你怎么说的和我的差不多，你这是在剽窃我的东西。我反驳说，你说说我说的哪些话、哪些观点是偷你"田青思想"了？顶多是向你学习了一点而已，没准还是互相学习呢！说实在的，田青先生对我国非遗保护的许多理念对我影响很大，我们俩在许多问题的看法上都是一致的。如对非物质文化遗产"保护与发展"的问题、"精华与糟粕"的问题，对生产性保护的问题，对传承人进高校"学习"的问题，对生态保护区建设的问题，对海峡两岸加强非遗保护的合作问题，等等。田青先生的确是一个有思想、有观点又敢于坚持自己观点的专家学者，这在当下极为难得，也是非常值得敬佩的。

坦率地说，这些流水账般的"记忆"似乎已经过时了，没有多少理论价值，但我可以自信地说，这些文字却是那个非物质文化遗产保护"燃情岁月"的忠实记录。这些年参与非遗保护工作，称得上是艰辛的历程，取得了骄傲的成就，仅此而言，这些"燃情岁月"的忠实记录的价值自然就在。

谨以此文代序，并献给那些已逝去的为我国的非遗保护事业付出全部心血的乌丙安、资华筠、祁庆富、李珂等老师、同事、朋友们！也同时献给那些仍在非遗保护战线上不懈努力的老师、同事、朋友们！

2020年1月25日庚子年正月初一于北京惠新北里

目 录

1	"申遗"与"保护"
	——中国非物质文化遗产保护的现在与将来
16	"申遗"之后怎么办？
	——在中国非物质文化遗产法制建设学术研讨会上的发言
22	以科学的理念指导非物质文化遗产保护工作
35	非物质文化遗产保护、利用的重要意义和政策解读
40	非物质文化遗产与民族凝聚力
44	中国非物质文化遗产保护的当代实践与探索
	——在中国文化遗产大会暨文化遗产保护与利用学术论坛上的发言
50	非物质文化遗产保护的国际合作与交流
	——在中央党校非物质文化遗产保护专题研讨班上的讲座
56	国家级非物质文化遗产代表性传承人记录工作应该注意的几个问题
69	非物质文化遗产保护的理论与实践探索
	——以建立文化生态保护实验区为例
73	在"中国成都国际非物质文化遗产节·非物质文化遗产国际论坛"上的总结发言
80	在首届"中国西安鼓乐学术研讨会"开幕式上的致辞

82	《忻州市非物质文化遗产图册》序
84	春节符号的征集是件有意义的事情
88	过年就是祈福
	——寄语春节符号征集活动
90	"第二届中国古琴艺术节"开幕词
92	在"第三届中国廊桥国际学术（屏南）研讨会"开幕式上的致辞
95	在"首届阿依特斯全国学术研讨会"上的致辞
97	在"古典之美——古本昆剧《红楼梦传奇》学术研讨会"上的致辞
100	中国非物质文化遗产清醒而坚定的守护者
	——谈谈我所知道的田青先生
111	在"中国非物质文化遗产传统戏剧表演艺术传承人暨高甲戏柯派丑行表演艺术研讨会"闭幕式上的讲话
113	在"非物质文化遗产保护中的田野考察工作方法研讨会"上的致辞
115	谈谈书法"申遗"成功的意义
117	在"中国戏曲理论国际学术研讨会"上的讲话
120	在"2010中国艺术人类学学术会议"上的致辞
122	在"海峡两岸河洛文化暨豫剧发展论坛"上的致辞
124	在"第五届（中国·金坛）国际剪纸艺术展"开幕式上的致辞
126	在"徽州文化生态保护高峰论坛"上的发言
128	《怀梆文化生态研究》序
131	对非遗保护工作方针与原则的有效落实
133	佛山木版年画是佛山的一张文化名片
136	开启非物质文化遗产保护工作新篇章

138 科学保护非遗：让传统习俗融入现代生活
　　　　——全国少数民族非物质文化遗产项目调演答问

147 南京云锦的"前世今生"
　　　　——在"锦绣金陵——金文云锦作品展研讨会"上的发言

附录

155 对话：非物质文化遗产保护需要举国体制
164 传统文化：一个民族的身份证
168 在非物质文化遗产保护中寻"根"
172 非遗项目迎来"中国年"　入选26项世界第一

"申遗"与"保护"

——中国非物质文化遗产保护的现在与将来

"申遗"如今是一个热门词语，备受社会的关注。我们所说的"申遗"是指什么呢？就是指向联合国教科文组织申报世界文化遗产、世界自然遗产和人类非物质文化遗产代表作。长城、故宫、兵马俑等属于世界文化遗产；三江并流、九寨沟等属于世界自然遗产。另外，还有混合遗产，也称之为"双遗产"，如泰山、黄山等。也就是说，黄山既属于世界文化遗产，也属于世界自然遗产。而今天要讲的"申遗"，则是指申报非物质文化遗产，它不同于世界文化遗产和自然遗产，在我们国内申报的是"国家级非物质文化遗产名录"，向联合国教科文组织申报的则是"人类非物质文化遗产代表作名录"。

2009年10月1日，正当我们举国欢庆新中国60华诞的时候，从阿联酋首都阿布扎比传来了令大家十分高兴的消息，在联合国教科文组织保护非物质文化遗产政府间委员会第四次会议上，中国申报的22项非物质文化遗产代表作项目，被一致通过列入"人类非物质文化遗产代表作名录"，另外还有3项被列入"急需保护的非物质文化遗产名录"。要知道，在这次大会上，全世界只通过了76项人类非物质文化遗产代表作，中国竟有22项入选。这个评审结果不仅让我们中国人感到意外和高兴，也引起了全世界的关注。当时通过的22项人类非物质文化遗产代表作是：中国传统桑蚕丝织技艺、南音、南京云锦织造技艺、宣纸传统制作技艺、侗族大歌、粤剧（广东）、格萨（斯）尔（藏族）、龙泉青瓷传统烧制技艺、热贡艺术（青海）、藏戏、玛纳斯（柯尔克孜族）、花儿、西安鼓乐、中国朝鲜农乐舞、中国书法、中国篆刻、中国剪纸、中国传统木结构营造技艺、端午节、妈祖信俗、中国雕版印刷技艺、蒙古族呼麦歌唱艺术；急需保护的非物质文化遗产项目是：羌年、黎族传统纺染织绣技艺和中国木拱桥传统营造技艺。这一次我国通过了22项人类非物质文化遗产代表作，加上2001年、2003年和2005年三次通过的昆曲、古琴艺术、新疆维吾尔木卡姆艺术、蒙古族长调民歌4项，目前我国已经拥有26项人类非物质文化遗产代表作项目，是全世界拥有人类非物质文化遗产代表作项目最多的国家。

联合国教科文组织公布"人类非物质文化遗产代表作名录"是从2001年开始的，当时规定两年公布一次，每一次一个国家只能报一项。我国2001年报的是昆曲，2003年报的是古琴艺术，2005年报的是新疆维吾尔木卡姆艺术。另外，2005年又与蒙古国联合申报了蒙古族长调民歌。因为按当时的规定，两个以上国家联合申报是不占名额的。这样，连续三届我们报了四项。而从2009年开始，联合国教科文组织改变了以往的规定，不再限制各国申报项目的名额。为什么会有这样的变化呢？原来，联合国教科文组织按照联合国的惯常做法，认为不论国家大小，一律平等，因此申报"人类非物质文化遗产代表作名录"也是一样，不论国家大小，一律一次只能申报一个项目。后来，一些国家提出了不同意见，主要是中国、印度、日本、韩国等历史比较悠久的国家，认为申报"人类非物质文化遗产代表作名录"是为了更好地推动非物质文化遗产保护，它不是一种权利，而是一种责任和使命。每个国家的历史文化是不同的，拥有的文化遗产也是不同的，一个有几千年文明的古国和一个只有几百年历史的年轻国家拥有的文化遗产能一样吗？一个十几亿人口的国家和一个只有十几万、几十万人口的国家拥有的文化遗产能一样吗？如果不考虑这些因素，每个国家一次都是只能申报一个项目，那才是不平等的。正是在这些意见的影响下，联合国教科文组织决定从2009年申报开始不限制名额了。

尽管不限制名额了，但中国一次能通过这么多项目还是令我感到意外和吃惊的。据说在申报的过程中，在联合国教科文组织的一些成员国中，对中国申报这么多项目是有意见的。我们一个邻国驻联合国教科文组织的代表，就曾找过我们国家驻联合国教科文组织的代表（大使），说中国申报得太多了，国家之间不平衡，对他们有些压力等，并希望中国减少申报的数量。我们国家的代表回国参加非遗保护活动，他对我说起我们邻国的代表的意见。我对他说：（1）我们中国完全是按照联合国教科文组织的规定申报的，也是从中国的实际出发申报的，既然联合国教科文组织决定不限制名额的规定，那么中国申报多少都是允许的。（2）我们申报是为了更好地推动中国的非物质文化遗产保护工作，也是为了保护人类文化的多样性，这是对人类文明的贡献。我们只是做好我们自己的工作，不存在对别的国家有压力的问题，而且申报"人类非物质文化遗产代表作名录"是主权国家的权利。（3）我们非常尊重非物质文化遗产项目拥有者的申报权利，既然他们已经申报了就没有撤下来的理由，我们要鼓励项目持有者申报的积极性。（4）根据中国的实际情况，我们申报的项目也不能说多。中国有5000多年的文明史，有13亿人口，有23个省、5个自治区、4个直辖市、2个特别行政区，还有56个民族。我们是一个多民族的国家，历史悠久，疆域辽阔。在长期的历史发展进程中，我国各民族各地区的人民创造了灿烂的中华文化。与我国丰富多彩的非物质文化遗产资源相比，我们申报22项并不算多。我们的一个省从人口到区域，比欧洲的一个国家还要多、还要大。如果我们一个省（自治区）申报一项，中国至少要申报28项。如果我们一个民族申报一项，则需要申报56项才行。我国的代表听完我的一番言论十分开心，表示完全赞成我的意见。据说，在后来的评审过程中，我们的代表、专家学者据理力争，充分阐释了中国的立场，表现出中国对"人类非物质文化遗产代表作名录"的高度重视，得到了各国代表的理解，因此在评审会上就没有反对的声音了，中国的申报也得到了联合国教科文组织官员的理解和赞赏。当然，中国一次能通过这么多的项目，和我国的国际影响与国际地位有直接关系，也是国际社会对中国拥有丰富的非物质文化遗产的肯定，是对这些年来我国在非物质文化遗产保护工作取得的成就的充分肯定。

正如我刚才一再强调的，我们"申遗"不是为了获取什么名誉、利益，而是为了进一步保护好我们的非物质文化遗产。那么什么是非物质文化遗产？为什么在现代化生活的今天我们还要保护非物质文化遗产？怎样保护非物质文化遗产？这都是我们今天必须搞清楚的问题。

非物质文化遗产保护，对我们是一个新课题。而"非物质文化遗产"这个词也完全是一个新术语、新概念。它是一个"进口货"，是从英语翻译过来的，在我们国家出现得很晚，是21世纪以来才出现在我们的语境中。如果说"非物质文化遗产"这个词大家在一段时间里有些陌生或新鲜的话，那么，大家对"民族民间文化"这个词语都很熟悉。"民族民间文化"是与我们今天所说的"非物质文化遗产"在概念上最为相近的词语了，但并不完全一样，"非物质文化遗产"比"民族民间文化"的概念包含的内容更多、更宽泛。

"非物质文化遗产"最早是由联合国教科文组织提出的，是一个与"物质遗产"相对称的术语。在国际社会中对非物质文化遗产的认识也经历了一个不短的过程。1972年，联合国教科文组织曾通过了一个《保护世界文化和自然遗产公约》，在这个公约中提到了两个概念："文化遗产"和"自然遗产"。但这个公约中的文化遗产仅包括文物、建筑群、遗址三个方面。很显然，当时人们没有认识到人类通过口传心授、世代相传的活态流变的非物质文化遗产更需要保护。国际社会对非物质文化遗产的认识，在通过《保护世界文化和自然遗产公约》17年之后，即1989年联合国教科文组织通过《保护民间创作建议案》的时候，才有了质的飞跃。这个建议案虽然没有使用"非物质文化遗产"这个词语，但"民间创作"的概念已经包含了非物质文化遗产的基本定义。《保护民间创作建议案》对"民间创作"的定义是：

> 民间创作（或传统的民间文化）是指来自某一文化社区的全部创作，这些创作以传统为依据，由某一群体或一些个体所表达并被认为是符合社区期望的作为其文化和社会特性的表达形式；其准则和价值通过模仿或其他方式口头相传。它的形式包括：语言、文学、音乐、舞蹈、游戏、神话、礼仪、习惯、手工艺、建筑术及其他艺术。

这个定义，和我们今天所说的"非物质文化遗产"的定义应该说基本上是一致的。从那以后，联合国教科文组织通过了一系列有关非物质文化遗产保护的公约、宣言，如1998年通过了《宣布人类口头和非物质遗产代表作申报书编写指南》，2001年通过了《世界文化多样性宣言》，2003年通过了《保护非物质文化遗产公约》，2005年通过了《保护和促进文化表现形式多样性公约》等。从1972年到2005年，从"民间创作"到"非物质文化遗产"，人们的认识在不断地变化和深入。特别是2003年通过的《保护非物质文化遗产公约》，第一次明确地提出了"非物质文化遗产"的理论概念，标志着人们对非物质文化遗产的科学认识的飞跃，具有重大意义。

《保护非物质文化遗产公约》对"非物质文化遗产"做了进一步清晰的定义：

> "非物质文化遗产"，指被各社区、群体，有时是个人，视为其文化遗产组成部分的各种社会实践、观念表述、表现形式、知识、技能以及相关的工具、实物、手工艺品和文化场所。这种非物质文化遗产世代相传，在各社区和群体适应周围环境以及与自然和历史的互动中，被不断地再创造，为这些社区和群体提供认同感和持续感，从而增强对文化多样性和人类创造力的尊重。

为了便于理解，《保护非物质文化遗产公约》又对非物质文化遗产包含的范围做了具体表述。明确非物质文化遗产包括以下几个方面：

1. 口头传统和表现形式，包括作为非物质文化遗产媒介的语言；
2. 表演艺术；
3. 社会实践、仪式、节庆活动；
4. 有关自然界和宇宙的知识和实践；
5. 传统手工艺。

2005年3月26日我国国务院办公厅颁布的《关于加强我国非物质文化遗产保护工作的意见》中也对非物质文化遗产及其范围做了阐述，与《保护非物质文化遗产公约》基本是一致的，只是增加了一条"文化空间"。这样，非物质文化遗产可以归纳为两大类：（1）传统的文化表现形式，如表演艺术、传统知识和技能等（包括民俗和信仰）；（2）文化空间，即定期举行传统文化活动或集中展现传统的文化表现形式的场所，兼具空间性和时间性，如仪式等。具体来讲，我国分为民间文学，传统音乐，传统舞蹈，传统戏剧，曲艺，传统体育、游艺与杂技，传统美术，传统技艺，传统医药和民俗十大类。

你或许要问，你所说的"非物质文化遗产"无论是传统的文化表现形式，还是文化空间，哪一种能离开人和物呢？如果离不开人和物，又怎么能称"非物质文化遗产"呢？不错，任何非物质文化遗产都离不开物质的载体，昆曲需要人唱和表演，古琴需要人弹奏，琴本身就是物。然而，非物质文化遗产所指的不是人或物，而是指蕴含在物质载体之中的精湛的技艺、独到的思维和丰富的文化内涵。如古琴不是非物质文化遗产，只有古琴的发明、制作技艺、弹奏技艺，包括曲谱及附着在古琴上的影响中国古代文人精神的文化内涵，都属于非物质文化遗产。所以，联合国教科文组织批准"古琴艺术"为人类口头和非物质文化遗产代表作项目，而不是某一把古琴或某一位古琴家。

联合国教科文组织为什么要倡导保护非物质文化遗产？这是基于对非物质文化遗产历史文化价值及其生存状态的科学认识，而这也正是我们今天要保护非物质文化遗产的主要依据和理由。为什么要保护非物质文化遗产，主要基于这样四点认识：第一，认识到非物质文化遗产是人类文化多样性的生动体现；第二，认识到非物质文化遗产是人类创造力和智慧的结晶，是人类社会可持续发展的重要保证，具有重要的历史和文化价值；第三，认识到非物质文化遗产是密切人与人之间的关系，以及它们之间进行交流和了解的重要渠道，它的作用是不可估量的；第四，认识到在经济全球化和社会的转型进程中，非物质文化遗产面临损坏、消失和破坏的严重威胁。第四点主要是强调非物质文化遗产面临的严峻形势，正如联合国教科文组织在《宣布人类口头和非物质遗产代表作申报书编写指南》中指出的："在世界全球化的今天，此种文化遗产的诸多形式受到文化单一化、武装冲突、旅游业、工业化、农业人口外流、移民和环境恶化的威胁，正面临消失的危险。"这些问题的存在对非物质文化遗产的影响，在发展中国家表现得更为突出。正是基于这样的认识，联合国教科文组织呼吁加强对非物质文化遗产的保护。应该说，联合国教科文组织对非物质文化遗产保护的倡导和呼吁，对维护人类文明的多样性具有十分重要的意义。

我们中华民族有着悠久的历史和灿烂的文化，在几千年的历史长河中，我们的祖先给我们留下了丰富多彩的文化遗产，既有物质形态的"有形"文化遗产，如长城、故宫、各种文物、典籍等；又有主要是靠"口传心授"的方式传承下来的非物质的"无形"文化遗产，如口头民间文学、传统表演艺术、民俗活动、礼仪、节庆、传统手工技艺等，以及与上述表现形式相关的文化空间。特别是非物质文化遗产，充分展现出中华民族伟大的创造力和智慧，体现出中华民族独有的文化价值和审美情趣，凝聚着中华民族深层的文化基因，是我们民族的历史记忆，是我们中华民族的血脉和精神家园，是我们中华民族传统文化重要的组成部分。我们说我们是中国人，我们中国人的特征是什么？不只是黑头发黄皮肤，也不只是讲中国话，而更重要的是我们几千年来传承下来的文化传统和传统文化。这种民族的文化认同，正是我们之所以为中国人，之所以有民族凝聚力的重要因素和重要保证。

非物质文化遗产是一种历史的积累、历史的沉淀，是世世代代主要靠口传心授而传承的文化，是与人们的生活方式、生产方式密切相关的文化。我们今天不是讲要建设和谐社会吗，和谐社会的核心是人与社会的和谐，主要是人对社会的价值认同。文化的认同正是和谐社会的基础。作为民族历史文化的重要组成部分，非物质文化遗产含有大量的民族传统道德资源，反映和表现了民族共同的思维习惯、共同的生活习俗、共同的情感经验，因而它具有强大的民族凝聚力和亲和力，因而它对和谐文化、和谐社会的建设发挥了重要的作用。讲到这里，我想到了一件事，两三年前，我们得到韩国要申报江陵端午祭为"人类口头和非物质遗产代表作"的消息，一时间在国内掀起轩然大波，有的国人甚至喊出"保卫中国端午节"的口号。其实，韩国的江陵端午祭和我们的端午节并不一样，虽然它渊源于我们的端午节，但韩国的江陵端午祭已经有1000多年的历史，从内容到形式都和我们的端午节不一样，它已经成为韩国人的重要文化活动。但这件事的确给了我们很大的教育，我们这时才意识到我们的端午节并没有成为法定的节日是不应该的，我们似乎忽略了自己的传统节日。当年轻的朋友们热衷于过情人节的时候，我们想到了七夕；当年轻的朋友们对圣诞节的兴趣越来越大的时候，我们想到了我们春节的"年味"越来越淡。这个时候，我们才深深地意识到传统节日对我们的国家和民族竟是这样重要。现在，国务院已经通过了关于把几个传统节日规定为法定假日的方案，得到了广大人民和全社会的拥护。

中国传统节日体系萌芽于先秦时期，发展于秦汉魏晋南北朝时期，定型于隋唐两宋时期，这是我们的祖先对大自然和宇宙认识的结晶，和祖先们的生活密切相关，包括他们的习俗和信仰。传统节日已经成为中华民族文化十分重要的组成部分，关系到文化的认同和情感的联系。我们不是讲和谐吗？对中国人来讲什么时候最和谐，当然是过年过节的时候最和谐。为什么？过年过节对绝大多数中国人的重要性就在于它是中国人情感的寄托，是亲情的纽带，是祥和的表现，是对吉祥幸福的期盼。所以过年过节无论是对每一个家庭，还是对整个社会，都是最祥和、最和谐的时期。特别是过年,对绝大多数中国人来说都是最为期盼、最为重视的节日。有一首歌叫《常回家看看》,记不清楚哪一年在春节晚会上唱了以后,几乎一夜之间传遍了大江南北。为什么它能成为亿万中国人的共鸣,就是一个"情"字,是亲情的感染所致。常回家看看年迈的父母,非常需要,但还是与过年回家看看不同。每年过年前的返乡大潮,他们带回家的不仅是大包小包的年货,更多的是思念、是期盼、是对吉祥幸福的追求。一个年,有着多么大的凝聚力!

这里我们不妨再讲讲妈祖,一个以行善济世为己任的姑娘,早已成为中国渔民的海上保护神。据说台湾三分之一以上的人信仰妈祖,全世界有5000多座妈祖庙,信徒达2亿多人。而人们对妈祖的信仰已经超出神灵保佑平安的意义,成为一种民族共识、民族情感、民族心理的寄托,成为一种规范人们思想观念、行为方式的精神力量。妈祖已经成为海峡两岸同胞共同的精神象征,妈祖是联系海峡两岸同胞的纽带。由此可见,浸润在民族文化中的非物质文化遗产像血脉一样,支撑着我们民族的躯体。所以我们一定要科学地认识并保护传承这些非物质文化遗产,我们要以历史的责任感和科学的态度,以一种文化的自觉,保护好非物质文化遗产,并使之得以延绵传承。不要一提到民间信仰,就说是迷信或是糟粕。要知道,正是这些我们过去认为是迷信和糟粕的东西,维系着我们民族的文化传统,保留了我们民族的文化基因,维护了我们民族的情感和尊严。

对我们来说,现在祖先留给我们的非物质文化遗产不是太多了,而是消失得太快了。随着现代化建设的发展,经济全球化给世界文化的多样性带来了前所未有的威胁。这里我举一个例子,我国被称为戏曲大国,历史上曾有394种戏曲,1949年统计时为360种,1982年统计时为317种,2004年戏曲品种仅为260种,其中还有不少是"天下第一团"。什么意思呢?不是说它是天下最好的剧团,而是说它是天下唯一的剧团,这个剧只有这一个团了。短短几十年就损失了134种传统剧种,占当年戏曲剧种总数的34%。人们越来越深切地认识到,保护自身的文化特性,对保护文化主权、文化认同、民族尊严具有十分重要的作用。

我国对非物质文化遗产保护的认识也是经历了一个过程。记得2001年昆曲被列入第一批"人类口头和非物质遗产代表作名录"的时候，在我国只有当天的《新闻联播》播出了一条消息，除此之外，没有任何反响。而与此同时，在我们的邻国日本，他们的"能"也和昆曲一样申报成功，日本是举国欢腾，就像当年北京申奥取得成功后国人的欢庆一样。日本人的欢呼和中国人的无动于衷，反映出当时我们两国在非物质文化遗产保护认识上的巨大差距。日本人为什么这样看重"申遗"呢？这是有深刻的历史原因的。我们知道，日本自19世纪下半叶实行明治维新之后，实行全面西化的国策，甚至提出"脱亚入欧"，也就是说不当亚洲人了，要当欧洲人。向西方学习，是不是自己的传统文化都不要了？日本人经历了一个艰难痛苦的认识过程。第二次世界大战战败，美军的占领，使日本人有了"国破家亡"的感觉。两颗原子弹炸醒了日本人，使他们认识到只要日本的传统文化还在，日本就不会灭亡。正是在这样的思想转变以后，日本于1950年在全世界第一个制定了《文化财保护法》。他们把文化财分为有形文化财、无形文化财、民俗文化财、纪念物、传统建造物群、保存技术六大类。1954年之后，他们又制定了对无形文化财传承人的保护制度，这些身怀绝技的传承人被称为"人间国宝"，备受尊重。现在的日本，一方面现代化高度发达，另一方面对传统文化高度尊重。能、歌舞伎、大相扑都是日本传统文化的代表。日本在弘扬传统文化中重新找到了民族自信、民族的自尊自强。一个民族优秀的传统文化就是这个民族的精神家园和根基。今天，中华民族在走向现代化，但我们的现代化不能以丢失自己的文化传统为代价，因为我们只有牢牢地站在民族的根基上，才能实现民族的团结、社会的和谐及经济和社会的全面发展。

党的十七大报告中明确提出："弘扬中华文化，建设中华民族共有精神家园"，指出"中华文化是中华民族生生不息、团结奋进的不竭动力"，并明确提出"重视文物和非物质文化遗产保护"。党和政府对非物质文化遗产保护给予了高度重视，我国的非物质文化遗产保护工作这几年也发展很快，自联合国教科文组织设立世界"人类口头和非物质遗产代表作"以来，我国连续三批成功地申报了昆曲、古琴艺术、新疆维吾尔木卡姆艺术、蒙古族长调民歌为世界"人类口头和非物质遗产代表作"。2003年，我国就正式启动了"中国民族民间文化保护工程"。2004年8月，我国正式加入了联合国教科文组织《保护非物质文化遗产公约》。2005年3月，国务院办公厅印发了《关于加强我国非物质文化遗产保护工作的意见》。同年12月，国务院又颁发了《关于加强文化遗产保护的通知》。到2006年2—3月，举办了"中国非物质文化遗产保护成果展"，轰动一时，产生了非常大的影响。而在2006年的6月10日，就有了我国最年轻的节日——我国的第一个"文化遗产日"，同时公布了"第一批国家级非物质文化遗产名录"。可以说，目前人们对非物质文化遗产保护的认识已经有了很大的提高。

从几年前，人们连什么是"非物质文化遗产"都搞不清楚，甚至读起来都感到很别扭。如今，非物质文化遗产、原生态等，已经成了热门话题。现在到处都是原生态，搞旅游，叫原生态旅游。农贸市场的鱼市里卖鱼的老师傅也叫他的鱼是"原生态鱼"，甚至连卖冰箱的也要说是原生态冰箱。人们对非物质文化遗产认识的提高，与这几年我们的宣传和所做的大量工作有着密切的关系。应该说，保护非物质文化遗产的形势有了很大的改变，是令人鼓舞的。但我们必须清醒地看到，我们要做好非物质文化遗产的保护工作并不容易，由于市场经济的发展和经济全球化，由于非物质文化遗产的特性，以及我们以往对非物质文化遗产认识上的失误，使得目前我们面临着许多困难，甚至是难题。比如说如何处理好旅游与非物质文化遗产保护的关系，就是一个难题，甚至是一个世界性的难题。如果我们处理不好发展旅游事业与保护非物质文化遗产的关系，那么旅游业越发展对非物质文化遗产的破坏就越大。要做好保护工作，我们重要的是要有科学的认识、科学的办法。我们如何在理论和实践的结合上处理好传统与现代的关系、保护与发展的关系、文化与经济的关系，这些都是我们做好保护非物质文化遗产工作的关键所在。尤其是要重视文化生态区的保护和传承人的保护，要注意整体的保护、活态的保护。我们只有真正搞清楚了保护什么、为什么保护、怎样保护，我们的非物质文化遗产的保护工作才有保障。

非物质文化遗产不同于物质文化遗产，它是一种独特的文化现象，它不是凝固的、静止的，而是通过口传心授的、世代相传的、无形的、活态流变的文化遗产。非物质文化遗产重视人的价值，重视活的、动态的、精神的因素，重视技艺、独创性，以及一定的民族、社区、群体的情感表达和审美观等因素。非物质文化遗产有物质的载体，但通过非物质形态体现出它的价值。非物质文化遗产的表现和传承都是一个活态的过程。无论是音乐、舞蹈、戏剧等，还是民俗、节庆、仪式等，都是在动态中完成的。这正是非物质文化遗产的特性及其规律。正是基于这样的认识，我们在非物质文化遗产保护中，提出了整体性原则、活态性原则、原真性原则。非物质文化遗产都是由人们生产方式和生活方式决定的，都是生存在一定的环境和生态中，任何非物质文化遗产必然与一定的自然环境、文化空间等产生联系。我们今天建立文化生态保护区，就是基于整体性活态的保护原则，也只有在一定的文化生态的环境里，非物质文化遗产才能得到更好的生存和发展。原真性的原则，就是要保护非物质文化遗产的真实性，不去人为地改变、歪曲、修饰。只有这样的保护，才是真正的保护，才能经得起人们和历史的检验。

我国非物质文化遗产保护工作这些年取得的成绩是有目共睹的，从人们不知道什么是非物质文化遗产，甚至连这个词都说不完整，到保护非物质文化遗产、守护精神家园成为举国共识，这个变化太大了，这是这些年来我们在非物质文化遗产保护工作中取得的最大的收获。当然，这样不等于说，过去我们没有做过非物质文化遗产的保护工作。自中华人民共和国成立以来，党和政府一直十分重视对我国各民族的文化遗产的保护。如中华人民共和国成立初期，为确定56个民族进行的民族普查就做了大量的工作。中国艺术研究院音乐研究所老所长杨荫浏先生在20世纪50年代就抢救了阿炳的经典二胡曲《二泉映月》。在20世纪80年代开始的十大图书集成，被称为文化长城，就是对文化遗产抢救的重大举措。但今天的非物质文化遗产保护与以往还是有很大的不同的，一是面临的形势不同，世界经济全球化，既为经济发展带来了繁荣，同时也给非物质文化遗产的生存带来了巨大的威胁；二是今天人们对文化多样性的认识有了进一步提高，人们是以一种文化自觉和理性的精神抢救和保护我们的文化遗产的。

那么，这几年我国的非物质文化遗产保护工作都做了哪些事情呢？

一是进行了全国非物质文化遗产普查。普查工作从2005年开始，至2009年年底告一段落。据不完全统计，全国有近80万人次参加了普查，初步摸清了家底。普查深入乡村、社区，实际上是一次非常广泛的普及宣传非物质文化遗产保护的行动，意义深远。

二是初步完成四级名录体系建设。到目前为止，我国已经公布了两批"国家级非物质文化遗产名录"1028项，最近很快就要公布第三批国家级名录。另外，各地还建立了省、市、县级名录。这也是"申遗"，对推动全国的非物质文化遗产保护发挥了重要的作用。

三是命名国家级非物质文化遗产项目代表性传承人。日本叫"保持者"或是"人间国宝"，我们叫"代表性传承人"。目前我国已经公布了三批传承人共1444人。传承人是非物质文化遗产的重要承载者和传递者，他们掌握并承载着非物质文化遗产的知识和精湛技艺，既是非物质文化遗产活的宝库，又是非物质文化遗产代代相传的代表性人物。所以传承人的保护是非物质文化遗产保护工作的关键。

四是建立文化生态保护实验区。目前已经建立的有闽南文化生态保护实验区、徽州文化生态保护实验区、青海热贡文化生态保护实验区和羌族文化生态保护实验区。文化生态保护实验区的相继建立和文化生态保护实验区保护工作的深入开展，将不断积累丰富的非物质文化遗产整体性保护的实践经验，完善非物质文化遗产整体性保护的理论体系，大大促进我国非物质文化遗产保护工作。

另外，我们在理论研究、人员培训、宣传等方面都做了大量的工作，包括向联合国教科文组织申报代表作。虽然非物质文化遗产保护工作有了良好开端，但从总体来看尚处于起步阶段，保护工作有待进一步加强，工作中仍存在着不少的问题，任务还很艰巨。主要有以下四个方面：

一是抓紧立法。我国现在还没有非物质文化遗产的保护法，这是一个大问题。我刚才介绍日本20世纪50年代就颁布了《文化财保护法》，韩国60年代立了法，美国70年代颁布了《民俗保护法案》。80年代，韩国颁布了《文化财富保护法》。法国、巴西等国也在相关法律中对加强"无形文化遗产"的保护做出了明确规定。但目前我国大部分省区还没有制定相应的地方性法规，全国性的非物质文化遗产法规尚未出台，非物质文化遗产保护总体上缺乏有效的法律保障。

二是认识需要进一步提高。有些地方对非物质文化遗产保护工作的重要性和紧迫性认识不足，未能充分认识到非物质文化遗产保护工作在传承民族文脉、提高国家软实力和促进社会和谐发展方面的重要作用。非物质文化遗产保护工作没有列入各级党委、政府的重要工作日程和当地的经济社会发展规划，工作进展缓慢。

三是"重申报、轻保护"的问题不同程度存在。由于保护工作尚处于起步阶段，许多地方还未形成科学有效的保护机制。有的地方"重申报、轻保护"，只热衷于各级非物质文化遗产项目的申报，对列入名录体系的非物质文化遗产项目，缺乏科学的保护计划和具体的保护措施，工作落实不到位。

四是队伍建设亟待加强。有些地方尚未建立一支比较稳定的保护工作队伍。现有的保护工作队伍数量不足，虽然一些地方经编办批准，落实了编制，但编制人员至今不到位，素质参差不齐，难以承担繁重的保护工作任务，难以保证工作质量。

总的来说，我国的非物质文化遗产保护工作成绩很大，但问题和困难也不少。非物质文化遗产保护任重道远。我认为，今后我国的非物质文化遗产保护工作要在"保护"上下功夫。如制定科学的保护计划和具体实施方案；继续对列入各级非物质文化遗产名录的项目进行深入挖掘和整理；采取文字、图片、录音、录像等方式，全面记录非物质文化遗产名录项目的各种珍贵资料；征集各种珍贵实物，并建立档案、妥善保存；加强非物质文化遗产保护的督查工作；加快推进文化生态保护区建设；加强宣传和教育，努力营造全社会关心、支持非物质文化遗产保护的良好氛围；积极推进非物质文化遗产进课堂、进教材、进校园。非物质文化遗产进课堂、进教材、进校园是非物质文化遗产保护可持续发展的根本举措，也是国外非物质文化遗产保护的成功经验。另外，还要充分调动社会力量参与非物质文化遗产保护的行动、加大经费投入，等等。当然，这其中最重要、最紧迫的还是加快立法进程。

中华文化是世界古老文化体系中唯一没有中断自身传统的文化体系，中华民族生生不息几千年，从来没有丢弃过自己的文化传统和传统文化。几千年来祖先给我们留下的文化遗产，无论是物质的还是非物质的，对我们来说它们不仅仅是历史的记忆，更重要的是保存了我们民族的基因，是我们赖以生存的坚实基础，是我们民族的血脉和魂魄，是凝聚民族情感、促进民族团结的特殊纽带。现在人们经常提到一个词，叫"软实力"，人们越来越重视一个国家的软实力。什么是软实力，我看一个民族的精神是最重要的软实力。我国具有丰富的非物质文化遗产，它是中华民族特有的精神财富，对维系中华民族的文化血脉、延续中华文明的历史文化传统发挥着重要作用。加强文化遗产的保护，对弘扬中华文化，提高国家软实力，贯彻落实科学发展观，构建社会主义核心价值体系，建设中华民族共有精神家园，增进民族团结和维护国家统一，实现经济、社会的全面协调、可持续发展具有重要意义。因此，在我们走向现代化的时候，一定要保护我们的文化遗产，守护住我们的精神家园，为建设和谐文化、和谐社会做出积极的贡献。

（本文根据2010年8月23日在成都市非物质文化遗产保护研修班上的讲稿整理）

"申遗"之后怎么办?

——在中国非物质文化遗产法制建设学术研讨会上的发言

非常高兴参加由中山大学中国非物质文化遗产研究中心举办的"中国非物质文化遗产法制建设学术研讨会"。我今天发言的题目是"'申遗'之后怎么办?",主要探讨非物质文化遗产项目申报和保护的关系。

前不久,听到一个朋友对我国的非物质文化遗产保护工作说了四句话,很有意思。哪四句话呢?就是"起步很晚,发展很快,成绩很大,问题很多"。我觉得这四句话比较符合我国非物质文化遗产保护工作的实际情况。

我国非物质文化遗产保护工作确实起步晚、发展快,所取得的显著成就也是有目共睹的。但我们必须清醒地看到,目前的保护工作确实"问题很多",还面临着许多困难。

表面上看起来,我们的非遗保护工作轰轰烈烈、热热闹闹,大家都说保护非物质文化遗产如何如何重要,问题在于人们是否真的提高了对非物质文化遗产保护的认识,我们是否有足够的文化自觉?这个认识包括对非物质文化遗产保护重要性、迫切性的认识,包括对非物质文化遗产特殊性的认识,包括在尊重非物质文化遗产本身特性和规律性的前提下如何保护的认识,也就是说,真正弄懂保护什么、为什么保护和如何保护的问题。我最担心的是,在非物质文化遗产保护的口号下"认认真真"地在毁灭非物质文化遗产。比如，"重申报、轻保护"就是一个突出的问题，也是一个普遍的问题。更严重的还在于许多地方把非物质文化遗产代表作项目当成了摇钱树，过度开发利用，商业化操作，被人们称之为"保护性破坏"，那对非物质文化遗产的毁灭更严重。

在非物质文化遗产保护的理论研究上我们同样存在许多问题。总体来说，非物质文化遗产保护的理论研究滞后于实践，诸如非物质文化遗产的分类问题、生态区保护问题、非物质文化遗产真实性问题、生产性保护问题、传承人保护问题等，以及如何认识传统与现代、保护与发展、文化与经济的关系等问题，都需要理论的深入研究和阐释。除此之外，还有国家财政的支持问题，非物质文化遗产保护的队伍建设问题，等等。

存在这些问题是正常的，有的问题原本就存在，如非物质文化遗产面临的环境与生态，有的是非物质文化遗产保护工作进程中必然要遇到的问题。关键是要有正确冷静的评估和认识，不要被表面的热闹而蒙蔽，而忽略了我们的任务和责任。

人们现在批评最多的就是"重申报、轻保护"的问题。其实"重申报、轻保护"这句话并不完全错，准确地说"重申报"没有错，"轻保护"确实是错的。申报与公布人类非物质文化遗产代表作和公布国家级非物质文化遗产项目，原本就是保护的一项重要举措。"申报"与"保护"是一回事，是"保护"的必要阶段，是"保护"的必要举措。现在的问题是，一些地方，把许多项目申报成功以后就不管不问了，所以有人把这种情况称为"临终关怀"。

为什么会出现"重申报、轻保护"的问题？为什么会出现过度开发利用的问题？我想根本的问题还是认识问题。

当然，造成"重申报、轻保护"及过度开发等问题，除了认识上的问题外，还有许多复杂的原因。当前"申遗"很热，尤其是申报世界遗产，其次是申报国家级项目。如果申报成功了，很能体现出政绩来，所以上上下下很有积极性，很重视，也肯花钱。而申报成功以后的保护不是立竿见影的事情，不那么容易见到效果和成绩，热情和积极性就不是很高。而非物质文化遗产项目保护的好坏也没有进入政绩考核体系，所以"重申报、轻保护"就是很自然的事情了。因此，在保护机制的建设中，把非物质文化遗产保护列入干部政绩的考核机制中是非常重要的。

在当前，除了"轻保护"，即申报以后束之高阁，不去管了以外，更严重的问题是管得太多，管过了，造成利用不合理，过度开发，这对非物质文化遗产保护造成的危害更大。

造成过度开发有两个原因，一是经济利益驱使，二是不懂得如何合理利用。毫无疑问，许多非物质文化遗产项目是有经济价值的文化资源，有些非物质文化遗产项目可以大大提升地方的知名度和影响力，提升地方的文化内涵。如开展旅游业，非物质文化遗产无疑是吸引游客的重要内容。甚至有些项目可以直接产生经济效益，如各种名小吃、名酒、名茶等的制造技艺。有些传统手工艺可以进行生产性保护，也可以走向市场。非物质文化遗产项目成为一地的文化品牌、文化名片，对推动地方的经济社会发展发挥了很重要的作用，这都无可厚非。但现在的问题是，人们往往只注意了经济效益，而忽略了以保护为主的方针。如何处理好保护与利用的关系，做到在有效保护的前提下合理利用，防止对非物质文化遗产的误解、歪曲和滥用，是当前非物质文化遗产保护中面临的一个严峻的问题。这方面的问题是很多的，例子不胜枚举。如有些旅游景点把少数民族的一些习俗搞得粗俗不堪。有些重要的礼仪等都是在一定的时间和空间举行的，是很严肃的仪式，但在商业利益的驱动下，变成了粗俗的表演，一天能演好多次，这都是破坏。当然，也有的属于好心办坏事。在20世纪80年代，在文物保护中有一个词叫"保护性破坏"，或者"修复性破坏"。好心去修复，结果却破坏了，把真文物修复得像假文物。在非物质文化遗产保护中，会不会有好心办坏事的情况呢？当然有，这就是不懂得如何保护，不懂得如何防止对非物质文化遗产真实性的歪曲和误解。在非物质文化遗产保护中，我们绝不能一味迎合、屈从市场需求，单纯追求经济效益，而忽略了保护的责任。在保护中一定要了解和尊重非物质文化遗产的特性和规律性。在保护和利用的关系上，保护永远是第一位的。

现在有一种提法，说我国的非物质文化遗产保护已经进入了"后申遗时代"，这种提法是否合适、科学，我现在还无法判断。但有一点是明确的，就是申报不可能越来越多，只会越来越少。我们不能说我们的申报已经结束了，再没有可申报的项目了，这样说太绝对。但从实际出发，客观地说，我们拥有的国家级非物质文化遗产代表作项目1219项，不算少了。各地申报的符合国家级标准的项目，肯定还有，但也不会太多。无限地扩大国家级非物质文化遗产名录是不现实的，从国家层面保护，无论是从资金还是人力资源方面看，都是尽了很大气力了。这是一个方面。另一方面，如果说"后申遗时代"是指把人们的热情和力量从追求项目申报成功的喜悦和申报成功的数量，理性地转到科学、冷静的保护阶段，那这个提法就更合理了。

把我们的工作重心转到依法保护的阶段，我们该怎么办？或者说在"后申遗时代"，我们该怎么办？从具体的工作层面，我认为应该在以下几个方面采取必要的措施，做好工作。

1. 进一步提高对非物质文化遗产保护的认识，特别是提高领导的认识，将非物质文化遗产保护列入干部考核机制。

2. 建立履约报告制度。前几年，联合国教科文组织曾经要求各国提交人类非物质文化遗产代表作履约报告，这是根据申报的承诺和要求提出的。我们国家在这方面做得还不够，以至于省以下的项目基本上没有履约报告，或流于形式。履约报告就是检查，对项目持有者和保护者是一次督促检查，对主管部门同样也是检查。有检查和没检查是大不一样的。当然，这个检查是认真的，而不是走走过场。四级名录都要建立履约报告制度。

3. 完善退出机制。

4. 完善四级名录体系建设。我国提出四级名录体系建设，是符合我国非物质文化遗产存续状况的。现在的问题是，人们只重视世界级和国家级的项目，似乎申报成为人类非物质文化遗产代表作，或国家级非物质文化遗产项目才算数。省、地市、县级的项目就不算什么了，这是非常错误的认识。我们的眼睛不能只盯着世界级和国家级，也要重视省级以下项目的保护。

5.完善传承机制。非物质文化遗产保护的关键是传承人，现在的主要问题有：一是传承人大多年事已高，传授的能力、传授的条件都存在问题；二是由于生活和经济的原因，年轻人愿意学艺的越来越少。这就需要建立一种机制，使传承能得到保障，这就要靠政府的主导作用。北京市颁布了《关于加强非物质文化遗产保护传承的扶持办法》，建立代表性传承人带徒补贴制度，而且还要定期检查考核传承效果，这是值得推广和期待的。各地的情况不一样，应从各地的实际情况出发，探索完善传承人机制的思路和办法。这不仅重要，而且十分紧迫，因为我们许多年事已高的老艺人是熬不起的。

6.建立起政府主导和社会参与的协调机制。政府主导，不是政府代替一切，包办一切。非物质文化遗产项目的持有者是保护的主体，应在政府的支持下，自觉地承担保护和传承的主要责任。另外，要调动全民的保护积极性和自觉性，强化全民的参与意识。我认为，我们的企业、社会组织、公益单位等都应该参与到保护工作中来。建立非物质文化遗产保护协会或学会，建立主要靠社会支持的非物质文化遗产保护基金等，都是非常必要的。政府主导和社会参与形成一种互补和协调机制，对我国的非物质文化遗产保护工作将具有重要意义。

7.正确认识非物质文化遗产的生产性保护。"生产性保护"不能乱用，也就是说不是所有的非物质文化遗产项目都适合生产性保护。非物质文化遗产项目中，有些传统手工技艺是可以进行生产性保护的，一些表演项目如曲艺、舞蹈、戏曲等，也可以进行演出，但有些项目如仪式、风俗习俗等，是不能进行"生产"的。如果把祭天、祭地、祭祖的仪式搞成旅游表演，则是破坏，是亵渎，违背了非物质文化遗产保护的原则和目的。我们可以把文化遗产转化成文化资源，但不能转化成文化产业，当成摇钱树。我对"生产性保护"的提法一直有些顾虑，总觉得这种提法不够科学，至少是有问题的。因为"生产性"与"保护"似乎不能放到一起去。能够

"生产"的非物质文化遗产项目，一定有市场，不需要保护；而绝大多数的非物质文化遗产项目是不能"生产"的。因此，我一直主张对"生产性保护"的提法要进行科学的理论阐释，要说清楚，不能乱用。

8.科学认识"合理利用"，正确处理保护与利用的关系。保护与利用处理不好就是一对矛盾。什么是合理利用？"度"如何掌握？仅有原则性的理论阐释和解读是不够的，还应该有一些具体的措施和要求，特别是应该建立有效的评估监督机制，通过评估，对非物质文化遗产项目的保护做出科学的认证，提出明确的要求。

总之，非遗保护工作成绩很大、困难不少、问题很多，但前途光明，任重道远。相信我们这一代人一定会负起历史的责任，保护好我们的文化遗产，为中华民族的伟大复兴，为推动文化的大发展大繁荣做出积极的贡献。

（"中国非物质文化遗产法制建设学术研讨会"由中山大学中国非物质文化遗产研究中心主办，2012年12月5日在中山大学举行）

以科学的理念指导非物质文化遗产保护工作

坚持以科学的理念指导非物质文化遗产保护工作,首要的是科学地认识我们所要保护的对象——非物质文化遗产。什么是非物质文化遗产?为什么要保护非物质文化遗产?只有真正搞清楚了这两个"为什么",我们才能真正地搞清楚"怎样保护非物质文化遗产"。

以科学的理念指导非物质文化遗产保护,不仅要知道为什么保护非物质文化遗产,更要知道怎样保护非物质文化遗产。科学地认识非物质文化遗产,要十分重视对非物质文化遗产特性及其规律的研究与把握。

在科学的理念指导下,在当前阶段,运用好现代的科技手段完整地、客观地、真实地把非物质文化遗产项目普查清楚,详细采录,非常重要。正如党的十七大报告中所说:"要全面认识祖国传统文化,取其精华,去其糟粕,使之与当代社会相适应、与现代文明相协调,保持民族性,体现时代性。加强中华优秀文化传统教育,运用现代科技手段开发利用民族文化丰厚资源。"不过在这里,对精华和糟粕的认识和区别,要特别小心,过去我们在这方面的教训不少,在一定的历史阶段和思想认识的支配下认为是糟粕的东西,今天看来恰恰是民族文化的精华。过去我们就犯过"除四害"的错误,也把许多信仰和民俗当成迷信等。今天我们再也不能犯这种错误了。

近几年来,在党中央、国务院的高度重视下,我国的非物质文化遗产保护工作取得了突破性的进展。文化部、财政部会同国家民委、中国文联从2003年开始，启动了中国民族民间文化保护工程，开始了试点工作。2004年，我国加入联合国教科文组织《保护非物质文化遗产公约》，民族民间文化保护工程更名为非物质文化遗产保护工作。2005年，国务院办公厅下发了《关于加强我国非物质文化遗产保护工作的意见》，国务院颁发了《关于加强文化遗产保护的通知》，这两个文件对非物质文化遗产保护工作提出了明确要求。

非物质文化遗产保护工作开展几年来，在各级党委和政府的关心、支持下，在相关部门的积极配合下，通过文化部门的不断努力，取得了一定的成绩，抢救保护了一批珍贵、濒危的非物质文化遗产，营造了全民参与非物质文化遗产保护的良好氛围，提高了全社会的非物质文化遗产保护意识，为推动文化大发展大繁荣、兴起社会主义文化建设新高潮、促进社会主义和谐社会建设做出了积极贡献。

那么，这几年我国的非物质文化遗产保护工作都做了哪些事情呢？

（一）普查工作初见成效。普查工作是非物质文化遗产保护的一项基础性工作。2005年6月，文化部部署了全国非物质文化遗产普查工作，目的是通过普查，全面了解和掌握各地各民族非物质文化遗产的种类、数量、分布状况、生存环境、保护现状和存在的问题。

目前，各地普查工作已取得阶段性成果。北京、云南、浙江等省（区、市）已率先完成普查工作任务。云南省普查工作由州（市）统一组织，以县为单位开展，历时两年半，至2005年底结束，全省参与普查人数达19103人次，普查的自然村寨14834个，访谈对象69187人次。北京市普查的项目达7000项，并完成了18个区（县）普查资料汇编。山东省、上海市普查工作已完成60%以上。一些省份前期田野普查工作已经完成，正在总结普查成果，进行整理文字、音像、珍贵实物资料，建立数据库等工作。四川省对收集的有关历史文献、相关资料、珍贵实物，进行分级分类管理、建档保存，形成了50多万字的《四川省非物质文化遗产资源汇编》。为了进一步推动普查工作，文化部组织专家开展了督查工作，为按期完成普查提供了保障。

（二）名录体系初步建立。根据国务院办公厅《关于加强我国非物质文化遗产保护工作的意见》和《国家级非物质文化遗产代表作申报评定暂行办法》，2005年，文化部开展了第一批"国家级非物质文化遗产名录"的申报与评审工作。2006年5月，经过组织专家评审、征求意见、公示、部际联席会议审核等程序，国务院批准公布了第一批518项的"国家级非物质文化遗产名录"。在总结第一批"国家级非物质文化遗产名录"申报与评审经验的基础上，2007年，文化部开展了第二批"国家级非物质文化遗产名录"的申报和评审工作。2008年6月，国务院正式批准公布了第二批"国家级非物质文化遗产名录"，共计510项。

各地也在积极推进省级非物质文化遗产名录的建立工作。目前，全国省级名录共有4155项。其中云南、贵州等省已经基本建立了省、市、县三级名录体系；北京、上海两市建立了市、区两级名录体系；一些市、县也建立了本级非物质文化遗产名录，如湖北省17个市（州、直管市、林区）已全部建立地市级名录，第一批共计382项。

（三）代表性传承人保护取得新进展。传承人是非物质文化遗产的重要承载者和传递者，他们掌握并承载着非物质文化遗产的知识和精湛技艺，既是非物质文化遗产活的宝库，又是非物质文化遗产代代相传的代表性人物。传承人的保护是非物质文化遗产保护工作的关键。为加强代表性传承人的保护，文化部开展了国家级非物质文化遗产项目代表性传承人的认定与命名工作，分别于2007年6月9日和2008年2月15日，公布了两批共777名国家级非物质文化遗产项目代表性传承人。2008年2月28日，文化部在人民大会堂举行了国家级非物质文化遗产项目代表性传承人颁证仪式，向来自全国各地的国家级非物质文化遗产项目代表性传承人代表颁发了证章和证书。这项工作受到社会的广泛好评和中央领导的肯定。

各省区也陆续开展了省级非物质文化遗产项目代表性传承人的认定与命名工作，云南省于1999年、2002年和2007年，分三批命名了647名省级非物质文化遗产传承人；16个州（市）命名了970名州（市）级传承人；129个县（区、市）命名了1893名县（区、市）级传承人。目前，云南已建立起四级传承人保护体系。

为推进国家级非物质文化遗产项目代表性传承人的保护工作，文化部以部长令的形式公布了《国家级非物质文化遗产项目代表性传承人认定与管理暂行办法》，对国家级非物质文化遗产项目代表性传承人的认定标准、权利、义务及管理做出具体规定。浙江、上海、宁夏等省（区、市）较早出台了地方非物质文化遗产项目代表性传承人认定与管理办法，并对国家级和省级项目代表性传承人给予了补助或津贴。浙江省从2007年开始，对65岁以上的国家级、省级代表性传承人，由省财政给予每人每年3000元至4000元的政府津贴，直到传承人去世；上海每年给70岁以上的老艺人每年2000元标准的艺术补贴；甘肃省环县是全国贫困县，为支持代表性传承人开展传习活动，每年给予环县道情皮影的代表性传承人500元的补贴；宁夏在2007年开展了濒危民间艺人的调查摸底工作，对40余位省级以上非物质文化遗产代表性传承人进行了抢救性录音、录像，建立了录像档案资料。

（四）文化生态保护区建设逐步展开。《国家"十一五"时期文化发展规划纲要》要求，在"十一五"期间确定10个国家级民族民间文化生态保护区，对非物质文化遗产内容丰富、较为集中的区域，实施整体性保护。

2007年6月，文化部命名了我国第一个国家级文化生态保护区试点——福建省闽南文化生态保护实验区。福建省委、省政府高度重视，成立了以省政府领导担任组长，厦门、泉州、漳州三市和省直有关部门组成的闽南文化生态保护实验区工作领导小组，制定了《闽南文化生态保护区规划纲要》。目前，《闽南文化生态保护区实施规划》正在加紧论证，即将出台实施。厦门、泉州、漳州三市也根据本地情况相继出台了本市的《闽南文化生态保护区实施规划》。2008年1月，文化部命名了第二个文化生态保护实验区——徽州文化生态保护实验区。2008年8月和10月，又分别命名了热贡文化生态保护实验区和羌族文化生态保护实验区。目前，广东、湖南、浙江等省区也在积极探索文化生态的整体性保护。文化生态保护实验区的相继建立和文化生态保护实验区保护工作的深入开展，将不断积累丰富的非物质文化遗产整体性保护的实践经验，完善非物质文化遗产整体性保护的理论体系，大大促进我国非物质文化遗产保护工作。

（五）非物质文化遗产专题博物馆、民俗博物馆和传习所建设稳步推进。建立专题博物馆、民俗博物馆和传习所，既能有效地保护普查工作中收集、整理的非物质文化遗产珍贵的实物资料，又能将非物质文化遗产资源加以集中保护和展示，充分发挥对青少年和广大群众的宣传教育作用。据不完全统计，目前，北京、河北、云南、贵州等省（区、市）共建立专题博物馆363个、民俗博物馆241个、传习所359个。广东省现已建立木雕艺术、粤剧等各类非物质文化遗产专题博物馆、民俗博物馆、传习所40个。江苏省苏州、无锡、扬州、南通、镇江等市建立了专题博物馆、民俗馆、传习所共67个。这些形式多样的专题博物馆、民俗博物馆和传习所，对建立科学有效、可持续的非物质文化遗产保护工作机制，加强非物质文化遗产的保护与传承发挥了重要作用。

（六）非物质文化遗产保护立法取得新进展。2007年7月，国务院法制办专门就非物质文化遗产保护立法工作赴云南和福建进行调研，2008年5月又专门赴新疆进行了调研。全国人大教科文委员会也在近期专门到中国非物质文化遗产保护中心就立法问题进行了调研。经多次修改完善和广泛征求意见后，"非物质文化遗产法"已列入全国人大立法程序，有望在2008年10月提交全国人大常委会讨论。

在各级党委、政府的积极推动下，地方非物质文化遗产保护的立法工作也取得了积极进展。云南、贵州、广西、福建、江苏、浙江、宁夏、新疆8个省区已经制定了地方的非物质文化遗产保护条例，河北、山西、海南等省也已经把非物质文化遗产保护的立法工作列入了省人大重点立法计划。

（七）机构队伍建设得到加强，经费投入不断加大。中央和地方各级财政大力支持非物质文化遗产保护工作。目前，中央财政已累计投入3.86

亿元。2008年，中央财政用于非物质文化遗产保护的地方转移支付专项经费为1亿元，本级专项保护经费为5000万元，今后还将继续增加投入。各地对非物质文化遗产保护的投入力度也不断加大。2005—2008年的四年中，地方省级财政共投入约2.59亿元。北京市2004—2008年共投入保护经费3900多万元。山东省地方各级财政近年来投入3579万元，2007年安排了省级专项资金700万元。西部一些省区也安排了非物质文化遗产保护专项经费，如贵州省在财力十分紧张的情况下，省级财政每年安排的专项保护经费由原来的100万元增加到了650万元。保护经费的增加，有力地保障了非物质文化遗产保护工作的开展。

非物质文化遗产保护机构和队伍建设也得到加强。国务院办公厅《关于印发文化部主要职责内设机构和人员编制规定的通知》（国办发〔2008〕79号），明确在文化部单独设立非物质文化遗产司。2008年12月29日，文化部印发了《关于印发非物质文化遗产司"三定"方案的通知》（文人发〔2008〕52号），根据非物质文化遗产司职责安排，设立办公室、管理处、保护处三个处室，编制暂定15名。

贵州、江苏等省文化厅的社会文化处加挂了非物质文化遗产处的牌子，增加了人员编制；北京市、河北省、山西省、江苏省、浙江省、青海省、新疆维吾尔自治区等省（区、市）已经当地编办批准陆续成立了省级非物质文化遗产保护中心，有的省区还落实了人员编制。非物质文化遗产保护工作机构和队伍建设不断加强，从国家到省、市、县四级的保护队伍正在形成。

（八）"文化遗产日"活动丰富多彩。2006年6月10日是我国的第一个"文化遗产日"，文化部举办了主题为"保护文化遗产，守护精神家园"的大型文化遗产展演文艺晚会。"文化遗产日"期间，文化部与其他相关部门还举办了"文化遗产珍品展""少数民族珍贵文物展""全国古籍保护成果展""中国传统医药保护展""中国民族服饰工艺精品展"等各种文化遗产展览。

2007年6月9日是我国的第二个"文化遗产日"，主题是"保护文化遗产，构建和谐社会"。文化部向全国部署了遗产日活动要求，在北京组织了"中国非物质文化遗产珍稀剧种展演"和"中国非物质文化遗产专题展"等展览演出活动，并与四川省人民政府共同在成都举办了中国成都国际非物质文化遗产节。在遗产日期间，文化部对长期从事非物质文化遗产保护工作并取得显著成绩、做出突出贡献的先进工作者、先进集体和先进个人进行了表彰；并设立了"文化遗产日奖"，对在文化遗产日期间宣传、教育活动中表现突出、成绩显著的单位给予表彰。各地也举办了一系列内容丰富、形式多样的展览、演出、论坛、表彰等活动。

2008年6月14日第三个"文化遗产日"期间，文化部、国家文物局和北京市人民政府联合举办了"2008'文化遗产日"系列活动，活动以"展示文化之都神韵，绽放奥运北京光彩"为主题，利用北京市的各类公园、博物馆、故居、图书馆等公共文化活动场所举办了近100场文化遗产展览、展演、讲座活动。这些活动营造了全民参与保护文化遗产的良好氛围，宣传了文化遗产保护的重要意义，提高了整个社会的文化遗产保护意识。

（九）积极参与北京奥运会系列文化活动。在奥运会和残奥会期间，文化部与北京奥组委联合主办"中国故事"文化展示活动，受到了首都观众和国内外参加奥运会的各方人士的高度赞赏，产生了重要影响，为人文奥运增添了丰富的内容。

"中国故事"借助奥运会平台，建造了30个"祥云小屋"，通过实物、多媒体视听艺术、现场手工艺表演及观众互动等方式，向观众立体展示了我国丰富多彩的非物质文化遗产资源。据不完全统计，参与此次展示活动的国家级非物质文化遗产项目共有160余项，每天参观人数达3万多人。各地文化部门也积极组织各具特色的非物质文化遗产节目，参加北京奥运会开幕式前"吉祥奥运"演出活动，获得了参加开幕式的世界各国人士的一致好评。

（十）积极参与国际合作交流。我国是世界上入选"人类非物质文化遗产代表作名录"最多的国家之一，有昆曲、古琴艺术、新疆维吾尔木卡姆艺术，以及与蒙古国联合申报的蒙古族长调民歌四项，也是加入联合国教科文组织《保护非物质文化遗产公约》较早的国家之一，并以高票当选保护非物质文化遗产政府间委员会委员国。近年来，我国积极参与联合国教科文组织非物质文化遗产保护工作。2007年4月，我国在巴黎联合国教科文组织总部成功地举办了"中国非物质文化遗产艺术节"，展示了我国非物质文化遗产保护成果，受到一致好评。2007年5月23日至27日，我国承办的联合国教科文组织保护非物质文化遗产政府间委员会特别会议在成都成功举行。我国按照国际公约和联合申报世界非物质文化遗产的承诺要求积极与蒙古国合作，就共同保护蒙古族长调民歌工作进行了双边磋商，成立了"中华人民共和国、蒙古国蒙古族长调民歌联合保护协调指导委员会和专家工作组"，并先后在我国呼和浩特市和蒙古国乌兰巴托市召开了两次工作会议，制定了《中华人民共和国、蒙古国联合保护蒙古族长调民歌行动计划实施方案》和联合田野调查纲要，落实了一些具体措施，保护工作有了明显进展，并受到国际社会的好评。

（十一）积极支持地震灾区非物质文化遗产恢复重建工作。汶川地震发生后，为帮助灾区开展非物质文化遗产抢救和保护工作，文化部经过对地震灾区的非物质文化遗产考察与调研，详细了解了各地非物质文化遗产包括羌族非物质文化遗产损失情况，并以文化要情形式上报中央和国务院有关领导；组织有关专家学者，特别是羌族文化的学者，在北京、成都两地召开汶川地震灾区非物质文化遗产保护与恢复重建规划纲要座谈会，就《汶川地震灾区非物质文化遗产保护与恢复重建规划纲要》《羌族文化生态保护实验区规划纲要》，进行了认真研究和修改。7月，文化部委托中国非物质文化遗产保护中心论证、筹建和开通了"羌族文化数字博物馆"。目前，《汶川地震灾区非物质文化遗产保护与恢复重建规划纲要》已经纳入地震灾区文化设施重建规划；《羌族文化生态保护实验区规划纲要》已通过初步论证，已列入文化部工作计划。

虽然非物质文化遗产保护工作有了良好开端，但从总体来看尚处于起步阶段，保护工作有待进一步加强，工作中仍存在着不少的问题，任务还很艰巨。因此，我们必须进一步增强使命感和责任感，按照确定的规划目标，抓住重点，落实措施，齐心协力，努力把非物质文化遗产保护工作推向新阶段。

为进一步推进非物质文化遗产保护工作，我们将着重做好以下工作。

（一）努力完成普查工作任务。目前，已基本完成普查工作的云南、北京、浙江等省市，认真整理非物质文化遗产普查成果，提供普查工作报告，提交本地区保护项目清单，编纂非物质文化遗产普查分省图集等。

对未完成普查工作的省份，文化部将组织专家组逐省督查和验收，并着重做好以下工作：一是重点推广普查工作开展得较好地区的经验；二是分专业、分层次做好基层普查工作人员的培训工作；三是加大工作力度，查漏补缺，全面推进普查工作；四是在普查工作中要建立档案，做好普查已有成果的整理工作。

文化部将成立非物质文化遗产普查图集编委会，按照"统一体例、统筹规划、分省实施"的工作方针，指导和帮助完成普查工作的省份编纂并陆续出版非物质文化遗产分省图集。

（二）抓好非物质文化遗产名录项目的保护工作。继续推动各级非物质文化遗产名录体系建设，特别是县、市级名录体系建设，要认真申报，严格评审，建立科学严谨的非物质文化遗产名录体系，以促进非物质文化遗产保护工作的开展。

名录建立以后，把工作的重点转移到加强名录项目科学保护上来。对已列入各级非物质文化遗产名录的项目：一是科学确定各级非物质文化遗产名录项目保护单位，明确责任主体。二是根据项目的不同特点，制定科学的分年度保护计划和具体实施方案，按照分级保护、分级管理的原则，进行有效保护。三是继续对列入各级非物质文化遗产名录的项目进行深入挖掘和整理，采取文字、图片、录音、录像等方式，全面记录项目的各种珍贵资料，征集各种珍贵实物，并建立档案、妥善保存。四是加强研究、积极探索，通过以点带面的方式，根据不同类别、不同项目的实际情况，分门别类地制定出非物质文化遗产项目具体保护方法、操作流程、经费使用标准、保护细则等，在保护中进行落实。五是加强名录项目管理的科学性和规范性。根据《国家级非物质文化遗产保护与管理暂行办法》的相关要求，抓项目、抓重点、抓保护、抓落实，充分发挥专家的作用，加强对保护计划和保护责任落实的检查。六是注重总结非物质文化遗产保护经验和出版保护成果。要将经过实践检验行之有效的非物质文化遗产保护工作经验在全国范围内加以推广，促进全国非物质文化遗产保护工作的深入开展。

根据文化部的统一部署，今后将继续不定期地组织开展全国非物质文化遗产保护督查工作，对非物质文化遗产项目保护得力、成效显著的地区，将给予表彰和奖励；对怠于保护或保护国家级名录项目不力的地区，将建立"黄牌警告"制度，责令当地文化行政部门及保护责任单位限期整改。

（三）支持代表性传承人开展传习活动，开展第三批国家级项目代表性传承人申报工作。目前，《国家级非物质文化遗产项目代表性传承人认定与管理暂行办法》已经出台，文化部要求各地参照该办法，制定符合当地实际情况的各级代表性传承人的保护办法。通过建立传承经费保障机制，对代表性传承人传习活动给予支持，推进代表性传承人保护机制的建立，促进非物质文化遗产名录项目世代相传。

为有效保护和传承国家级非物质文化遗产，文化部部署了第三批国家级非物质文化遗产项目代表性传承人的申报和推荐工作。经各地申报、组织专家严格评审和公示等程序后，于2008年"文化遗产日"期间公布第三批国家级非物质文化遗产代表性传承人。

（四）加快推进文化生态保护区建设。按照《国家"十一五"时期文化发展规划纲要》要求，在2010年前，命名10个文化生态保护区。已命名的闽南、徽州、热贡和羌族文化生态保护实验区，要组织专家制订科学的保护规划和详细的实施方案，落实保护措施，重点保护文化生态环境，以及濒危的传统艺术、传统手工艺等重要非物质文化遗产。在总结文化生态保护实验区工作经验的基础上，加紧制定国家级文化生态保护区命名与管理办法。继续在湖南、广东、浙江等地推动文化生态保护实验区建设。鼓励各地在国家级非物质文化遗产资源丰富的地区，建设非物质文化遗产园区。

（五）加强非物质文化遗产专题博物馆、民俗博物馆或传习所建设。积极开展非物质文化遗产专题博物馆、民俗博物馆或传习所的建设、展示和宣传工作，将普查工作收集到的非物质文化遗产珍贵实物资料尽快交博物馆或传习所妥善保存。对国有性质的专题博物馆、民俗博物馆和传习所的建设，积极争取建设立项和征集、展示经费补助。对社会力量建设的非物质文化遗产专题博物馆、民俗博物馆和传习所，给予政策鼓励和支持。已建立的专题博物馆、民俗博物馆和传习所，要采取灵活多样的展示方式，举办丰富多彩的活动，增加对青少年和广大群众的吸引力，发挥非物质文化遗产的宣传教育作用。

（六）加强宣传和教育，努力营造全社会关心、支持非物质文化遗产保护的良好氛围。

一是利用"文化遗产日"和民族传统节日，开展富有特色的文化活动。2005年，国务院颁布了《关于加强文化遗产保护的通知》，将每年6月的第二个星期六确定为我国的"文化遗产日"。2007年，国务院通过了《关于修改〈全国年节及纪念日放假办法〉的决定》，将春节、清明节、端午节、中秋节等民族传统节日调整为国家法定假日，在全社会产生了良好的反响。文化部将利用"文化遗产日"和民族传统节日开展丰富多彩的文化活动，宣传和展示我国丰富多彩的非物质文化遗产，增强传统文化活动的群众参与性，通过民族传统节日活动推动和谐文化建设，培养文明风尚，满足人民群众的文化需求。

二是积极推进非物质文化遗产进课堂、进教材、进校园。非物质文化遗产进课堂、进教材、进校园是非物质文化遗产保护可持续发展的根本举措，也是国外非物质文化遗产保护的成功经验。目前，传统戏剧，如京剧等，已开始进入中小学课堂。我们将积极与教育部门协商，出台相关文件，将民歌、民乐纳入中小学音乐课，将剪纸、年画纳入美术课，将传统技艺纳入手工课，使中小学生认识、了解和喜爱我国的非物质文化遗产。

组织非物质文化遗产进大学校园，使大学生近距离感受和了解我国优秀传统文化。发挥高等院校、社会科学院的学术和人才优势，建立非物质文化遗产教育、研究基地和传承基地，培养青少年的爱国热情。

三是充分调动社会力量参与非物质文化遗产保护的积极性。国务院办公厅《关于加强我国非物质文化遗产保护工作的意见》中提出，要"广泛吸纳有关学术研究机构、大专院校、企事业单位、社会团体等各方面力量共同开展非物质文化遗产保护工作"。因此，文化部注重调动个人、企业和民间团体等各种社会力量参与非物质文化遗产保护工作。支持个人、企业和民间团体参与非物质文化遗产保护与传承；通过各地举办各种体现地域特色的、形式多样的非物质文化遗产展示、展演活动，为传承人创造展示其精湛技艺的平台，使非物质文化遗产在人民群众的生产和生活中得到传承和发展；支持高等院校等研究机构从事非物质文化遗产课题研究工作，为非物质文化遗产保护提供科学的理论指引。

（七）加强机构队伍建设，努力建设一支高素质的非物质文化遗产保护工作队伍。按照国务院批准的文化部"三定"方案，文化部单独设立非物质文化遗产司，其职能为：拟订非物质文化遗产保护政策，起草有关法规草案；拟订国家级非物质文化遗产代表项目保护规划；组织开展非物质文化遗产保护工作，承办国家级非物质文化遗产代表项目的申报与评审工作；组织实施优秀民族文化的传承普及工作；承担清史纂修工作。

下一步将按照新的机构，健全职能，开展工作。对现有的工作队伍分级、分类组织培训：一是重点培训非物质文化遗产保护管理人才；二是培训非物质文化遗产各门类的业务骨干。我们要依托高等院校及研究机构，采取委托办学、联合办学等多种形式，为非物质文化遗产保护培养一批既懂专业又懂管理的复合型人才，提高非物质文化遗产保护工作水平。

（八）加强政策理论研究。加强非物质文化遗产保护工作政策研究，积极与有关部门协商，争取制定并出台科学合理的有利于非物质文化遗产保护的产业政策和财税优惠政策，如传统手工艺产品的减免税收政策，传统医药行业的相关优惠政策等，为非物质文化遗产保护与发展创造更好的社会环境。制定出台非物质文化遗产珍贵实物出入境管理办法，加强对非物质文化遗产珍贵实物的管理。充分发挥专家的作用，推动非物质文化遗产理论研究。加强非物质文化遗产保护基础理论和应用理论研究，通过理论指引实践，提高工作的科学性、规范性；组织相关课题研究，编写非物质文化遗产各类培训教材，鼓励和资助非物质文化遗产保护研究理论成果的出版。通过召开论坛和专题研讨会，推广非物质文化遗产保护的典型经验，研究和解决保护工作中遇到的具体问题。

（九）积极筹措，加大经费投入。文化部将积极与财政部沟通，加大投入，支持地方的非物质文化遗产保护工作。各地也正在积极策划项目，争取当地政府财政的支持，为保护工作提供经费保障。要采取多种方式，充分调动社会力量的积极性，建立多元化的投入机制，拓宽普查资金渠道。要建立经费使用的管理机制，加强对现有保护经费的严格管理，确保专款专用。

（十）积极推进立法工作。"非物质文化遗产法"目前正由国务院法制办组织修改完善，立法进程正在积极推动中。我们要求已经制定地方法规的省份，抓好贯彻执行，逐步形成依法保护的工作机制；尚未制定颁布地方非物质文化遗产保护法规的省（区、市）文化行政部门，要积极推动地方非物质文化遗产保护法规的建设工作。

（十一）加强协调，形成保护工作的良好社会氛围。目前，非物质文化遗产保护工作部际联席会议又新增科学技术部、工业和信息化部、中国社会科学院三个成员单位，壮大了工作队伍。我们要充分发挥部际联席会议制度的作用，加强沟通与协作，完善各部门齐抓共管的工作机制，推动非物质文化遗产保护工作的全面深入开展。

我们还要依托新闻媒体，做好"文化遗产日"和民族传统节日、重大非物质文化遗产活动的选题策划，加大非物质文化遗产保护的宣传教育工作。与有关部门沟通，在适当的时机表彰奖励做出突出成绩的非物质文化遗产保护基层单位和个人，扩大保护工作的社会影响。

非物质文化遗产保护、利用的重要意义和政策解读

非常高兴能到这里来向各位介绍一下我国的非物质文化遗产保护情况，谈谈我对非物质文化遗产保护工作的一些认识和看法。我今天报告的题目是"非物质文化遗产保护、利用的重要意义和政策解读"。坦率地说，这个题目不太好讲，保护和利用的意义还好讲，政策解读我恐怕讲不好，如何处理好保护与利用的关系就更不好讲了。"保护"与"利用"似乎是一对矛盾体，这确实是我们在非物质文化遗产工作中面临的一个重要问题，是我们必须面对，必须把握好、处理好的一个问题。

联合国教科文组织为什么要倡导保护非物质文化遗产？这是基于对非物质文化遗产历史、文化和科学价值及其生存状态的科学认识，以及对文化多样性的认识，而这也正是我们今天要保护非物质文化遗产的主要依据和理由。这些问题的存在，对非物质文化遗产的影响，在发展中国家表现得更为突出。正是基于这样的认识，联合国教科文组织呼吁加强对非物质文化遗产的保护。

我国则把非物质文化遗产分为十类：民间文学，传统音乐，传统舞蹈，传统戏剧，曲艺，传统体育、游艺与杂技，传统美术，传统技艺，传统医药和民俗。其实，这与《保护非物质文化遗产公约》的五大类是一致的。我甚至认为，我们分的十大类，不如《保护非物质文化遗产公约》的五大类更好。在《保护非物质文化遗产公约》中有一个概念叫"文化场

所"，而在我国的文件中则叫"文化空间"，基本意思是一样的。这一般指在特定的时间、场所举行的特定的活动，如一些传统的节庆仪式、民间习俗、庙会等。

在《保护非物质文化遗产公约》中，对"保护"也有具体的阐述，非常重要。在《保护非物质文化遗产公约》中，"'保护'指确保非物质文化遗产生命力的各种措施，包括这种遗产各个方面的确认、立档、研究、保存、保护、宣传、弘扬、传承（特别是通过正规和非正规教育）和振兴"。这已经非常具体了，这对我们应该如何保护非物质文化遗产项目很有指导意义。

无论是联合国教科文组织倡导非物质文化遗产保护，还是我国启动非物质文化遗产保护工作，从一开始都必须回答三个问题：保护什么？为什么保护？怎样保护？五年前国务院颁布文件，回答了这三个问题，联合国教科文组织的《保护非物质文化遗产公约》也回答了这三个问题。在经历了几年的非物质文化遗产保护工作之后，今天我们仍然面临着这三个问题，仍然要重视和解决这三个问题。

我们必须清醒地看到，我们要做好非物质文化遗产的保护工作并不容易，在推进工作的进程中，问题和不足还有很多。诸如我们的立法有些滞后，我们还没有建立起一支健全的保护队伍，我们的保护机制还不够完善，我们的四级名录体系也不完善，我们对传承人的保护还缺少更有力的措施，我们的文化生态区建设还没有拿出具体的目标和成功的经验，我们的财政投入也还不够，我们的理论研究也还有待于进一步提高，等等。但我认为，当前最主要的问题还是在于认识上，在于我们对非物质文化遗产保护的认识跟不上工作的需要，既对保护的重要意义认识不足，又对如何保护缺少科学的认识，所以才有了重申报、重开发、轻保护、轻管理这样的问题，才有了建设性破坏、保护性破坏这样的问题。

由于市场经济的发展和经济全球化，由于非物质文化遗产的特性，以及我们对非物质文化遗产认识上的失误，使得目前我们非物质文化遗产保护工作更加艰难。在非物质文化遗产保护中，我们一定要始终坚持保护第

一、抢救第一的方针，一定要处理好保护与利用的关系、文化与经济的关系、社会效益与经济效益的关系。一定要坚持三个重要的原则，即原真性原则、整体性原则、活态传承原则，这样才能做到"合理利用"，而不是过度利用，或者在保护的良好愿望下破坏了非物质文化遗产。

  文化遗产就是文化资源、文化资产，这是没有问题的。问题在于我们应该怎样把祖先留下的文化遗产转化为文化资源，应该怎样科学地认识这些文化遗产的精神价值、文化价值与商业价值的关系。我们知道非物质文化遗产不同于物质文化遗产，它是一种独特的文化现象。非物质文化遗产重视人的价值，重视活的、动态的、精神的因素，重视技艺、独创性，以及一定的民族、社区、群体的情感表达和审美观等因素。非物质文化遗产有物质的载体，但通过非物质形态体现出它的价值。因此，非物质文化遗产不是"东西"，而你却简单地把它当作"东西"卖了，那就不是保护它，实际上也没有真正地利用好它。比如我最反对"黄金周"的提法，不是说利用节日推动消费不好，而是说"黄金周"的提法的主导思想错了，仅仅把我们的传统节日当成了摇钱树，而忽略了传统节日是"聚宝盆"。过中秋节，似乎除了吃月饼，就没有别的事情了，忽略了这样的传统节日对中国人来讲在情感上的作用是多么重要。就像我国的妈祖信俗，2.5亿人的民族情感的凝聚，不是与挣了多少金钱可以相比的。毫无疑问，许多非物质文化遗产项目具有商品的属性，可以通过市场获取经济利益。但问题是，经济价值并不是非物质文化遗产项目的唯一价值，甚至不是主要价值，它的主要价值在于它的文化内涵、精神层面及民族情感的凝聚上。这样说并不排斥非物质文化遗产项目的商业属性，我们提出生产性保护，也是为了使非物质文化遗产项目在今天能更好地生存和发展，问题是我们不能仅仅为了经济利益而致使我们要保护的非物质文化遗产变了样、变了味。这既违背了我们保护的初衷，也会从根本上破坏了非物质文化遗产，这样下去，既不是"合理利用"，也会使非物质文化遗产没有了利用价值。

  再如如何处理好旅游与非物质文化遗产保护的关系，就是一个难题，甚至是一个世界性的难题。毫无疑问，非物质文化遗产与旅游开发具有互动功能。旅游业对彰显非物质文化遗产项目的影响起了很大的作用，传统的手工艺品都是重要的旅游商品。旅游业对提升地方的知名度、推动地方的经济发展起的作用是十分重大的。非物质文化遗产成为旅游的资源，是完全应该的。但现在的问题是，如果我们处理不好发展旅游业与保护非物质文化遗产的关系，那么旅游业越发展对非物质文化遗产的破坏就越大。现在的许多旅游景点，几乎变成了市场，商业味太浓，没有什么文化内涵，非物质文化遗产仅仅是招揽游客的一个幌子。许多地方的旅游就是向"钱"看，以"物质"完全代替了"非物质"。各种复制的旅游商品既粗糙，又千篇一律。所谓的民俗节目表演粗俗不堪。神圣的祭祀、庄严的婚礼，都变成了赚钱的粗俗的表演节目，这里没有了神圣、庄严、敬畏和对祖先的感恩，只有粗俗、低俗的所谓民俗表演。我们一定要知道，祖先给我们留下的这些遗产，其商业价值仅仅是它的很小的一部分，它的主要价值在于文化内涵和精神需求，不要为了眼前的利益而丢掉了长远的利益，不要为了经济效益而丢掉了社会效益，不要把非物质文化遗产仅仅当作摇钱树而丢掉了一个大聚宝盆。我曾经在日本的一个城市参加了一次茶道活动，其隆重、神圣、庄严给我留下了极为深刻的印象。能把喝茶喝到日本人那样的极端形式，真是令人难以置信。但正是茶道庄严的仪式，使人产生了敬畏、敬重和崇高，产生了巨大的精神力量。更值得注意的是，茶道在日本有巨大的经济效益，这是值得我们好好研究的。

说到保护与利用关系，说到合理利用，一定要坚持原真性原则、整体性原则、活态传承原则。非物质文化遗产的价值和魅力就在于它的本质特性，在于它的优质基因上。我们在保护和利用中，千万不要随便给它装修、美容。无论是民间舞蹈还是民歌，都要保持它原来的样子，在村里是怎样演怎样唱的，到任何地方都还这样。尤其是民俗活动，千万不要随便"与时俱进"。这两年许多所谓原生态的演出变化很大，包括中央电视台举办的青年歌手大奖赛的原生态唱法，许多都不是原来的味了，变了不少。而实际上，那些充满浓郁的地方气息、乡土气息的节目更能获得人们的肯定。另外，在合理利用中，一定要注意非物质文化遗产项目的生态环境，要注意整体性保护和利用，也就是说要把它放在原本生存和发展的生态下保护利用，使它不离开它所赖以生存的土壤。一方水土养一方人，就是这个道理。作为从事非遗保护工作的同志，一定要尊重非遗项目自身的传承规律，尊重项目持有者的权利。我们不是救世主，而是参与者，我们有责任，但不能越权代替传承人的传承责任。

非物质文化遗产保护不是仅仅为了留住历史的记忆，而更是为了今天、为了明天。非物质文化遗产不仅仅属于过去，它更属于今天、属于明天。祖先留下的"遗产"不只是"过去时"，更是"现在时"，它就是我们今天生活的一部分。为了表达对祖先的敬畏和感恩，为了我们中华民族的生生不息，为了维护人类文化的多样性，我们同唱一首歌："保护文化遗产，守望精神家园。"

（根据2010年8月24日在成都"全国地震灾区非物质文化遗产保护与恢复重建高级研修班"上的讲稿整理）

非物质文化遗产与民族凝聚力

非常荣幸能够参加"中国·徐州非物质文化遗产高层论坛"。徐州是历史文化名城，有深厚的文化底蕴，在徐州开这样的学术会议，又是高校与文化局联合举办，是非常有意义的。

"非物质文化遗产"这个词是舶来品，咱们中国原来没有这个词，这个词进入中国也没有几年时间。2003年联合国教科文组织通过《保护非物质文化遗产公约》，中国才有了这样的提法。过去日本叫"无形文化财"，或简称"无形文化"。前些年我们向联合国教科文组织申报昆曲、古琴艺术、新疆维吾尔木卡姆艺术，以及与蒙古国联合申报的蒙古族长调民歌，当时还叫"人类口头和非物质遗产代表作"。从2003年到今天，"非物质文化遗产"这个词进入中国人的语汇中，也不过6年的时间，但就是这几年，我国的非物质文化遗产保护工作有了非常大的发展，人们从不知道什么是"非物质文化遗产"，到"非物质文化遗产"成为热门词语，非物质文化遗产保护成为我国文化发展中有重大影响的一件事情。"保护文化遗产，守望精神家园"成为举国共识，这在中国的文化发展中是非常了不起的。

在世界范围内倡导保护非物质文化遗产，是联合国教科文组织提出的。联合国教科文组织为什么要倡导保护非物质文化遗产？这是基于对非物质文化遗产及其生存现状的科学认识，基于非物质文化遗产面临着严重威胁的科学认识。在诸多的威胁当中，经济全球化的威胁最大。据有人研究，近几十年来经济的高度发展和全球化，对文化遗产特别是非物质文化遗产造成的破坏，远远超过两次世界大战对文化遗产的破坏。经济的全球化就像一把双刃剑，它既能推动全球的经济发展，推动人类文明的进程，同时也给传统文化的生存环境带来很大的破坏。

联合国教科文组织倡导保护非物质文化遗产，就是为了保护人类文化的多样性。我们的社会经济可以全球化、一体化，但文化却不能全球单一化。多元文化是推动人类文明进程最重要的动力。每一个民族都有自己的文化和传统，这是民族的身份证，是民族的基因，对民族的认同和情感的凝聚具有十分重要的作用。现在人们常说文化软实力，什么是软实力啊，我看最重要的软实力就是民族情感的凝聚。所以，非物质文化遗产保护对今天人类社会的发展、和谐都是非常重要的。

正因为我们处在一个经济高度发展的时代，非物质文化遗产保护就更显紧迫和重要，因为每天，甚至是每时每刻，一些珍贵的非物质文化遗产都可能消失。我想起这样一件事，在20世纪80年代，我所工作的中国艺术研究院曾组织专家到安徽录制了一些珍贵的徽戏，结果到2000年安徽大学成立徽学研究中心的时候，有的徽戏剧目已经看不到了，因为老艺人、老艺术家的离去，把他们代表性的剧目也带走了。安徽的专家们只能到我们院把当年录制的节目再转录回去，作为研究的珍贵资料。这种情况是很多的。再如，大家都十分熟悉阿炳的《二泉映月》，这是我们民族音乐的伟大经典。据说阿炳一辈子演奏了200多首乐曲，当年我们院老前辈杨荫浏先生和曹安和先生去录制的时候，借了无锡一所小学的教室录了阿炳演奏的四首二胡曲、三首琵琶曲，用的是钢丝带录音机。由于阿炳的身体不太好，杨先生对阿炳说把身体好好养养，半年后再来录，不想不到半年阿炳就去世了。幸好在已录制的二胡曲中就有《二泉映月》。后来人们每每谈到此事都十分感慨地说，当年杨荫浏先生如果没有把《二泉映月》抢救下来，我们中国的民族音乐不知会蒙受多么大的损失。

我们常说，民族的文化遗产是我们的根基和精神家园，与我们每一个中国人的情感、精神生活紧密相连。我记得前几年韩国申报江陵端午祭为"人类口头和非物质遗产代表作"，消息传来，在我国引起了轩然大波，甚至有人喊出"保护中国端午节"。其实韩国的江陵端午祭和中国的端午节并不完全是一回事。不错，韩国的江陵端午祭源于中国的端午节，但是传到韩国已有上千年的历史，早已经变成他们自己民族生活的一部分。而且韩国的江陵端午祭和我们的端午节在很多方面都不同，如他们不吃粽子、不赛龙舟，等等。非物质文化遗产不同于物质文化遗产，把长城搬到别的国家当然不行，但非物质文化遗产则不同，它有流变性，它可以通过各种方式影响、传播到别处。比如佛教，原本也不是中国的文化，而是产生于印度和尼泊尔，但在中国发扬光大。因此，我们一定要以一种开阔的胸怀看待文化的流变。但这件事在中国的老百姓中产生这么大的影响，使我们受到很大的震撼和教育。正是在这个时候，我们才深深地感到传统文化、传统节日对我们竟是这样重要，因为它是联系我们民族情感的重要纽带。一个"年"牵动着多少人的心啊，对中国人来说没有一个节日能比过年更重要了。过年深深地烙上了中国人的情感印记。

所以传统的民族文化对我们来讲是非常重要的，这是我们民族的身份证。我们说我们是中国人，如果仅仅是黑头发、黑眼睛、黄皮肤和会讲中国话，我看仅仅有这些是不够的，作为一个中国人，他的根本标志是对传统文化的认知，这是文化的基因，是精神家园，是我们的根与魂。

当然，在今天要保护好非物质文化遗产确实面临着许多困难和问题。非物质文化遗产都是一定的生活方式和生产方式的产物，现在社会环境发生了巨大的变化，原有的文化生态环境变化了，甚至遭到了破坏。我们现在就是要克服困难，采取各种措施，保护非物质文化遗产。

在非物质文化遗产的保护中，要十分重视对非物质文化遗产的生态环境的保护。非物质文化遗产都是"过去"的产物，是农耕文明的产物，我们很多非物质文化遗产在现代化的生活中遭到破坏，甚至是毁灭。那么在今天我们怎么去修复非物质文化遗产的生态环境，让这些文化遗产有一个生活空间？一定的文化形态都是由一定的生产方式和生活方式决定的，当我们的生产方式、生活方式发生变化的时候，这些非物质文化遗产就遇到困难了。有些非物质文化遗产都是与传承几百年乃至几千年的习俗紧紧联系在一起的，比如过年的习俗，就与拜年、剪纸、特色饮食等密切相关。我们今天的责任就是保护这些习俗。我们要创造条件、创造空间，让它们能在现代化的条件下有生存空间，而且能够存活下去，能够为我们今天的文化发展和社会发展发挥作用。我们都很有感受，很多东西在我们身边我们没觉得珍贵，当失去以后才发现我们应该珍惜。

我们每个人都应该有这个责任去保护，不要等失去以后才感到遗憾、可惜。所以，这次在徐州开这个会我非常高兴，我们就是要政府主导、社会参与，我们也希望有更多的高校像徐州工程学院这样，也希望有更多的青年学者怀抱着对中国传统文化的感情，为中国非物质文化遗产的保护承担更多的责任。

（2009年11月21日在"中国·徐州非物质文化遗产高层论坛"上的发言。根据录音整理）

中国非物质文化遗产保护的当代实践与探索

——在中国文化遗产大会暨文化遗产保护与利用
学术论坛上的发言

适逢2019年伊始、我国传统的己亥年即将到来之际，我们在江西乐平市举办中国文化遗产大会，探讨文化遗产保护与利用的时代途径，这无疑是一次非常有意义的文化和学术活动。由于快过年了，我们很自然会把本次文化遗产大会的主题与过年联系在一起。说到过年，大家都会想到王安石的那首诗："爆竹声中一岁除，春风送暖入屠苏。千门万户曈曈日，总把新桃换旧符。"要过年了，都要除旧迎新，大家都期盼新的一年有新气象、新发展。有趣的是，每一年的除旧迎新却万变不离其宗，无论是如何除旧迎新，无论是如何新桃换旧符，我们还是在过中国传统的"年"，还是老规矩老习俗，还是牢牢地立在传统文化的根基之上。这就像我们今天的非物质文化遗产保护一样，我们既要面临新的时代、新的生活，期待新的发展，又要保护我们的传统文化的根基，如何做到这两方面，这无疑是一个问题。因此探索文化遗产保护与利用的时代途径，既是本次文化遗产大会的主题，也是一个世界性的话题，是我们今天面临的而又必须解决的重要课题。

我今天报告的题目是"中国非物质文化遗产保护的当代实践与探索"，就是想与各位交流探索文化遗产保护与利用的时代途径问题。

我们知道，非物质文化遗产的保护是在经济全球化的时代背景下提出来的。经济的高度发展，人们生活方式、生产方式的改变，使产生在农耕文明基础上的非物质文化遗产面临着加速消失的严重威胁。正是在这种严峻的形势下，为了保护人类文明的多样性，为了守住民族文化的根基，联合国教科文组织于2000年启动了"人类口头和非物质遗产代表作"的申报工作，并于2003年通过了《保护非物质文化遗产公约》，而我国是最早加入该公约的国家之一，是世界上入选"人类非物质文化遗产代表作名录""急需保护的非物质文化遗产名录""非物质文化遗产优秀实践名录"项目最多的国家。

中国非物质文化遗产的当代实践是非常值得骄傲的文化历程，在短短的十几年的时间里，由政府主导、社会参与，我国的非物质文化遗产保护工作取得了巨大的成就。我国不仅成为世界上拥有"人类口头和非物质遗产代表作"最多的国家，还建立起四级名录体系，建立了21个文化生态保护区，出台了一系列政策法规，确立了"保护为主、抢救第一、合理利用、传承发展"的工作方针，特别是有了《中华人民共和国非物质文化遗产法》，开展了全国性非物质文化遗产普查，公布了国家级非物质文化遗产代表性传承人。全民的非物质文化遗产保护意识大为提高，非物质文化遗产保护的理论建设也颇有成就。这在中华人民共和国成立70年的历程中，是我们的文化事业取得的最为耀眼的一项成就，而且这是在短短的十几年里完成的。

你可能要说，既然我们的非物质文化遗产保护工作取得了这样的成绩，采取了那么多的举措，我们今天为什么还要在这里探索非物质文化遗产保护的时代途径呢？

毫无疑问，虽然我国的非物质文化遗产保护工作取得了很大的成绩，但并不是没有问题了，可以说当下面对的困难仍然不少，问题很多，对此我们必须有清醒的认识。须知我们是在一个经济全球化的时代背景下，无奈才提出保护非物质文化遗产的。在全球化的时代背景下，并没有因为你做了多少保护工作，取得了多大的成绩，而有所改变。如果说有改变，那只能是经济发展得更快了，非物质文化遗产的生存环境面临的形势更为严峻了。我国改革开放已经40年了，已经成为世界上第二大经济体，我国的经济和社会可以说经历了前所未有的深刻变革，这也使我们的非遗保护工作难度增加，挑战增多。而对非物质文化遗产保护面临的许多困难和问题而言，不是因为你做了多少工作，问题就能解决了，如传承人老化问题。还有你解决了旧的问题，又产生了新的问题，如旅游开发与非遗项目保护的矛盾，等等。一句话，非物质文化遗产保护的时代途径仍是一个不断探索的大课题。

要探索非物质文化遗产保护的时代途径，首先就要对非物质文化遗产保护面临的困难和问题有清醒的认识，不能盲目乐观。那么，目前我国非物质文化遗产保护工作面临的主要困难、主要问题是什么呢？

一是对非物质文化遗产的保护缺少科学的理念，知道了保护非物质文化遗产很重要，却不知道该如何保护。人们常说，保护的热情高涨，不保护还好，一保护却变成了破坏，这样的例子很多。

二是传承人的老龄化、去世，使很多珍贵的非物质文化遗产也随之消逝，且又后继无人。

三是很多非物质文化遗产项目在今天的社会很难生存，难以融合到现代生活中，许多非物质文化遗产项目自身缺少生存的条件，更别说发展了。光靠政府资助输血，并不能保证项目的生存，而目前又找不到可以生存发展的途径。

四是"重申报、轻保护"的现象普遍存在。

五是保护与利用的关系处理不当，特别表现在非遗项目与旅游的关系上。当非物质文化遗产项目成了旅游的摇钱树，一心向"钱"看，非遗项目就已经破坏得差不多了。

六是保护与创新的关系处理很难把握，非物质文化遗产在当代如何实现创造性转化和创新性发展，而又不背离非物质文化遗产项目的自身发展规律，是一个新课题。

我国非物质文化遗产保护工作面临的困难、问题可能还有很多，但我认为以上几条恐怕是比较重要的。那么，非物质文化遗产保护的时代途径在哪里呢？我以为有几点思路或理念是要非常重要的：一是非遗项目活态传承的保护理念；二是非遗项目要与人们的生活、与人们的现代生活密切关联；三是要提升人们的生活品位和审美情趣；四是要在理论与实践的结合上，解决保护与创新、发展的关系，实现非物质文化遗产的创新性发展和创造性转化，以适应时代和社会的多方面需求，满足人们对美好生活的需求。

我认为，探索非物质文化遗产保护的当代途径，要十分重视活态传承的保护理念。活态传承是非物质文化遗产保护的基本原则，非物质文化遗产最大的特点就是活态传承，这是由非物质文化遗产的本质特征决定的。要做到活态传承、活态保护，最重要的是把非遗保护项目与当代人的生活相关联，要使项目融入现代生活中，融入现代人的情感和审美需求中，要使其成为现代人生活的一部分。任何一项非物质文化遗产项目一旦失去人们生活的需求，保护好它是根本不可能的。

探索非物质文化遗产保护的时代途径，不能忽略非物质文化遗产的创新性发展和创造性转化，以适应时代和社会的多方面需求，满足人们对美好生活的需求。或许有人要问：非物质文化遗产能创新吗，能发展吗？坦率地说，过去我不敢回答这个问题，只敢说"保护为主，抢救第一"。而今天当我们面临着非物质文化遗产保护的严峻形势，当我们在探索非物质文化遗产保护的时代途径的时候，这又是一个不能不回答的问题。这里面就涉及要正确地认识创新性发展、创造性转化的问题。可以说，非物质文化遗产的发展是一个无法回避的问题。非物质文化遗产不是一成不变的，文化都是人们生活生产方式的产物，每个时代有每个时代的文化。文化每天都在变化。文化传统是一条奔流不息的长河，有源有流，它总是不断融入新的源泉，又生出新的文化。如果非物质文化遗产没有发展，没有新的创造，我们今天怎么能看到丰富多彩的优秀传统文化呢？我们怎么能领略婀娜多姿的民族风情呢！传统来自生活，传统在生活中传承；强调文化的传承是人民大众的创造性实践，是不断融入人们智慧和经验的生动过程。

中国非物质文化遗产保护的当代实践，正是中华优秀传统文化与现实生活相融合，实现创造性转化和创新性发展的过程。

不可否认，"保护"与"创新""发展"是一对矛盾体，如何处理好"保护"与"创新""发展"的关系是需要认真研究的问题。有一种观点认为，可以把"保护"与"创新""发展"通过社会分工来解决，也就是为传承人做出明确的社会定位、功能定位——他的责任就是把祖先创造出来并传承至今的非物质文化遗产原汁原味地继承下来并传承下去。他们的任务不是创新，而是"守旧"。国家通过政策和资金来保障他们的传承。而另一部分人则专门负责"创新"，为社会的发展创造出更新更好的产品。这不失为一种保护的思路，但关键还是无论是非遗传承人还是其他人，在处理"保护"与"创新""发展"的关系中，是否做到了合理、合适、合乎非遗项目的自身规律。"创新""发展"不能以破坏非物质文化遗产为代价，不能丢掉优秀传统文化的根基。

由于时代的发展，一些传统项目的功能也在扩展和变化。如唐卡，过去就是为寺庙制作的，但今天它既能为寺庙服务，又能走向社会成为人们非常喜爱的艺术品。但需要注意的是，唐卡毕竟不是一般意义上的艺术品，即使进入艺术市场，它本身具有的宗教色彩和神秘性仍是它最本质的特征。若人们丢掉了对唐卡神秘性的敬仰，唐卡的价值也就随之丧失了。所以，我们不能忽略非物质文化遗产代表性项目的本质特征。我去过青海热贡，认识几位唐卡艺术大师，由于他们的地位与影响，他们的唐卡作品有一定的市场，这对改善当地老艺人的生活有重要影响。如果能通过销售唐卡等艺术品，使艺人们生活无忧，那么传承就有了保障。这一切都需要整体的保护举措。传承人有传承人的责任，政府有政府的责任。政府要有保护规划，要有政策和法规，为传统艺术的生存与发展创造条件，提供保障；而非物质文化遗产项目的持有者是保护的主体，应该自觉地承担起保护的责任，特别是要有计划地传承。只有政府和传承人都做好保护，我们才能真正地保护好非物质文化遗产。

探索非物质文化遗产保护的时代途径，特别要重视对习俗活动的恢复、对习俗的尊重，要重视对传统节日的保护。妈祖信仰至今还能联系全世界2.5亿华人的情感，就是一个生动事例。习俗信仰的魅力是不可抗拒的，它是联系一个民族、一个地区、一个群体的纽带。因此，习俗活动对保护非物质文化遗产极为重要。在一个文化生态区内，习俗活动对恢复、修复和保护文化生态具有极为重要的作用。

当然，不同的非物质文化遗产项目，其面临的问题也不尽相同，因此保护的举措不可能千篇一律。如节日、信仰、习俗，主要是文化生态和民俗的保护；如戏曲等，主要是观众的培养与新的创作是否能吸引观众；如传统手工艺，则主要是坚守与当代转化的把握；等等。

有专家提出，传统手工艺具有产业与文化事业的双重特性。还有的专家提出了传统手工艺当代转换的四个途径：一是走向艺术与当代审美情趣共振；二是走向"大生产"，即手工艺与当代生产方式相结合，传统手工艺向文化创意产业转型，走大批量生产之路；三是走向设计，与现代设计相结合，适度创新；四是走向精致，以不变应万变，传承即创新。这都是新的探索。

毫无疑问，传统手工艺的当代转型是大势所趋，是中国传统手工艺传承、创新和发展过程中的一个重要课题。这种探索是非常有意义的。但如何把握好传统手工艺与当代转换的"度"，即不违背传统手工艺的自身发展规律、不违背传统手工艺的本质特色，仍是一个需要认真探索的问题。

中国非物质文化遗产保护的当代实践与探索，是时代赋予我们这一代人的神圣职责，绵延5000多年的中华民族优秀传统文化是我们民族的血脉和灵魂。无论社会怎样发展，经济如何发达，我们都不能丢掉民族文化的根基，我们都要坚持民族的文化自信，都要清楚地知道我是谁，我从哪里来！

（"中国文化遗产大会暨文化遗产保护与利用学术论坛"
2019年1月14日在江西乐平举行）

非物质文化遗产保护的国际合作与交流
——在中央党校非物质文化遗产保护专题研讨班上的讲座

非常高兴能到这里来向各位介绍一下我国的非物质文化遗产保护情况。我今天向各位报告的题目是"非物质文化遗产保护的国际合作与交流"。

中国在申报世界非物质文化遗产方面能取得了很大的成就,是有诸多原因的。一是党中央、国务院的高度重视,文化部等相关主管部门的重视和大力推动,各地党委、政府的重视和有力部署。我国的非物质文化遗产保护工作是政府主导的,这是我们中国的特色,这是非常重要的因素。二是专家学者的积极参与,中国艺术研究院、中国非物质文化遗产保护中心、文化部外联局、文化部非遗司、中国联合国教科文组织全国委员会等职能部门的通力合作。我们所有申报项目都要经过专家委员会的严格评审,所有申报文本、申报片等都要经过专家的反复讨论和修订,所以我们报出去的材料都有很好的基础。三是我国常驻联合国教科文组织代表团艰苦、细致的谈判和多边沟通工作,也是保证申报成功的重要条件。申报成功还在于我国国际地位的提高及国际影响的不断扩大,也是国际社会对中国拥有丰富的文化遗产的肯定,是对这些年来我国在非物质文化遗产保护工作中取得的成就的充分肯定。

据说,今年联合国教科文组织非物质文化遗产处又提出限制名额的问题,主要是考虑秘书处工作量太大,忙不过来;还因为地区的不平衡。但许多国家不同意，认为各个成员国都是主权国家，申报文化遗产是各国根据《保护非物质文化遗产公约》申报的，是主权国家的权利，而秘书处只是服务机构，没有权力限制名额。尽管如此说，联合国教科文组织在理论上可能不会再提出限制名额的问题，但也不会再出现一次一个国家能通过22个项目这种情况了。今年11月将在肯尼亚首都内罗毕开会，研究公布新的一批"人类非物质文化遗产代表作名录"，全世界目前已申报了147个项目，中国报了2项，估计通过的项目不会超过50项。从国际合作与交流的大局出发，我国今后也不会一次报的项目太多，那样会容易引起一些国家的不满和误解。因为目前在申报中确实存在着几个不平衡：（1）代表作、急需和最佳实践类之间不平衡，大部分都是代表作。代表作166项，急需12项，最佳3项。（2）地区不平衡。166项代表作分布在77个国家，其中中国、日本、韩国三国就占了50项。（3）代表作类别之间的不平衡。多数是表演类，如中国的昆曲等；有关宇宙知识的最少，只有20项。这些不平衡也会影响到今后的申报局面。

联合国教科文组织在倡导和推动世界范围内的非物质文化遗产保护中发挥了重要作用。联合国教科文组织之所以大力倡导非物质文化遗产保护，是基于对非物质文化遗产特性、历史文化价值及其生存环境的认识。

我国始终非常重视非物质文化遗产保护的国际合作与交流，非常重视与联合国教科文组织等国际组织的合作。2004年8月28日，第十届全国人大常委会第十一次会议通过决议，批准中国加入联合国教科文组织《保护非物质文化遗产公约》。2006年4月20日，《保护非物质文化遗产公约》正式对中国生效。《保护非物质文化遗产公约》是2003年通过的，目前缔约国有127个。我国是加入《保护非物质文化遗产公约》比较早的国家之一。2006年，我国当选首届"保护非物质文化遗产政府间委员会委员国"，任期两年。今年又一次当选。

2007年5月23日至27日，我国承办了联合国教科文组织保护非物质文化遗产政府间委员会成都特别会议。包括我国在内的24个委员国、30余个缔约国派代表出席会议。

2007年7月，中国正式提出申请建立由联合国教科文组织支持的"亚太中心"。中国亚太中心的主要职能是培训，日本主要是研究，韩国主要是信息收集和网络建设。2009年10月，关于在上述三国建立亚太中心的报告获得联合国教科文组织第35届大会批准。2010年5月18日，中国政府与联合国教科文组织正式签署了《中华人民共和国政府与联合国教科文组织关于在中华人民共和国北京建立由联合国教科文组织支持的亚太地区非物质文化遗产国际培训中心（第二类）协议》。

2009年6月1日至13日，文化部与四川省人民政府、联合国教科文组织联合主办了"第二届中国成都国际非物质文化遗产节"。31个国家常驻联合国教科文组织大使和40余名国内外的专家学者应邀参加非物质文化遗产国际论坛，围绕"灾难与非物质文化遗产保护"主题，形成并发表了《成都共识》，产生了广泛的国际影响。

我们还在巴黎联合国教科文组织总部成功地举办"中国非物质文化遗产艺术节"；与蒙古国联合申报"蒙古族长调民歌"，联合开展"蒙古族长调民歌"的田野考察，并成立联合工作机构。中国与日本、韩国、泰国、越南、法国等国在非物质文化遗产保护方面也开展了双边合作交流、学术活动、展示和表演活动。

积极参与非物质文化遗产保护的国际合作与交流，有利于提高国人对非物质文化遗产保护的认识，引起人们的重视；有利于学习别的国家好的保护经验；有利于我国的文化安全和文化主权；有利于中华文化走出去，在世界上彰显中华文化。

这里我想强调的是，无论是搞好国内的非物质文化遗产保护，还是搞好国际非物质文化遗产保护的合作与交流，联合国教科文组织的《保护非物质文化遗产公约》一定要熟悉、理解和掌握。我认为这是目前国际社会中有关非物质文化遗产保护最重要、最权威、影响最大且具有法律效力的文件，是我们开展国际非物质文化遗产保护合作与交流的重要基础。《保护非物质文化遗产公约》是对多年来非物质文化遗产研究和保护的总结，对非物质文化遗产做了最新的定义和科学的分类，并对保护、申报等做了更为全面的规定。它不仅对申报人类非物质文化遗产代表作有着重要的指导意义,而且对在国际社会中进一步推动非物质文化遗产保护,维护人类文化的多样性等方面都有着重要的指导意义。我国制定的一些重要的文件和法规,都是以这个公约为重要的参考依据。在国际举办的各种培训中,主要的就是讲解《保护非物质文化遗产公约》。今年是履约年,也就是根据《保护非物质文化遗产公约》第七章第三十条的规定,中国应于2010年12月15日前,向联合国教科文组织保护非物质文化遗产政府间委员会提交中国国家一级的履约报告。那么报告什么呢?就是我国入选的"人类非物质文化遗产代表作名录"项目的保护情况。《保护非物质文化遗产公约》的宗旨就是:(1)保护非物质文化遗产;(2)尊重有关社区、群体和个人的非物质文化遗产;(3)在地方、国家和国际一级提高对非物质文化遗产及其相互欣赏的重要性的意识;(4)开展国际合作及提供国际援助。所以,了解、熟悉、履行《保护非物质文化遗产公约》是非常重要的。

加强非物质文化遗产保护的国际合作与交流,必须服从国家外交的大局,服从"中华文化走出去"的文化战略,要通过交流与合作,更好地在国际舞台展示国家民族形象,提高文化软实力,增进世界各国人民对中华文化的了解,增强我国在国际文化遗产保护领域的话语权,不断提高中华文化的国际影响力。我们必须有这样的视野、这样的战略眼光来做国际合作与交流工作,而不是仅仅着眼于一个项目、一个活动。

在进行国际合作与交流中,还要有维护国家文化安全和文化主权的意识。胡锦涛总书记在十七届中共中央政治局第二十二次集体学习时的讲话中,强调指出:"综合观察当前国际国内形势,我国文化建设既面临许多有利条件也面临严峻挑战。从国际上看,世界多极化、经济全球化深入发展,围绕综合国力的全方位竞争更趋激烈,世界范围内各种思想文化交流交融交锋更加明显,国际思想文化领域斗争尖锐复杂,维护国家文化安全任务十分紧迫。"在非物质文化遗产保护领域也同样有着维护国家文化安全和文化主权的任务。保护非物质文化遗产的基本精神是对各个国家民族文化的尊重,是对文化多样性的保护,这关系到民族文化的认同,关系到民族精神的凝聚，当然也关系到国家的文化安全和文化主权。据说，美国对申报人类非物质文化遗产代表作是最不积极的，这不仅仅是因为美国历史太短，值得保护的文化遗产不够丰富，更重要的是保护文化的多样性，不符合美国的文化战略，他们更希望文化也能像经济一样全球一体化，全世界都看美国大片，都具有美国人的价值观才好。其实，我们都知道美国除了有强大的经济实力和军事实力之外，始终非常重视他们的文化输出。前不久我看到北京大学教授王岳川谈中国文化软实力和文化安全的文章。文章中提到了这样几个情况很值得我们重视，说据美国《混合语》杂志爆料，美国中央情报局在1996年后，加紧了对第三世界学术界的渗透，出巨款让一些人宣传推进全面美国化，打压第三世界那些保护和振兴本民族文化的人。另外，还说到美国如今不只是靠军事力量征服世界，而更是靠"三大片"来征服世界。哪"三大片"呢？就是薯片、芯片、影片。从1996年开始，美国的文化产业已经超过航空、重工业等传统领域，成为美国最大的出口业。美国文化产业已经占美国GDP的25%左右。当然，美国也不是只向第三世界国家搞文化侵略，美国文化也强势进入欧洲，法国就强烈抵制。经济可以全球化，但文化不能一体化，保护文化的多样性确实关系到民族的生死存亡，所以联合国教科文组织通过的《世界文化多样性宣言》指出："文化权利是人权不可分割的一部分。创造多样性的繁荣有赖于文化权利的全面实现。"保护非物质文化遗产就是保护文化的多样性。

  在申报世界文化遗产的工作中，关系到国家的文化安全和文化主权事例也多有发生。如前几年我国东北的高句丽墓群申报世界文化遗产项目时，就曾引起中国和韩国之间的一场外交风波。韩国人说高句丽墓群是他们的文化遗产，如果成了他们的文化遗产，那我们的东北岂不成了韩国的领土了吗！高句丽原本是我国东北地区古貊族的一支，于汉元帝建昭二年（前37）建立了政权，都城在纥升骨城（今辽宁省桓仁县境内）。公元3年，迁都国内城（今吉林省集安市）。公元427年，即我国的南北朝时期，高句丽迁都于朝鲜半岛的平壤。而高句丽早在唐高宗总章元年（668）就被唐朝灭掉了。所以说高句丽墓群是韩国的是没有道理的。去年韩国将

《东医宝鉴》申报为"世界记忆名录",我们知道《东医宝鉴》中的80%都是来自我们的《本草纲目》等中医典籍。对此我们当然都应该有清醒的认识和对策,以维护我们的文化安全和文化主权。

当然,非物质文化遗产是"无形文化",不同于"有形文化遗产",如故宫不会搬到别的国家去,你再羡慕我们的长城你也搬不走。但无形的文化遗产则不一样,它具有流变性和传播性,它的流传并不受国界的限制。这样,有些文化表现形态就可能为几个国家共同享有,对此我们应该积极地通过合作与交流,共同申报共同保护。我们与蒙古国联合申报了蒙古族长调民歌,就是一个成功的案例。在这方面我们需要有国际视野、大国风范,不能再出现韩国江陵端午祭那样的事情了。如我们去年申报朝鲜族农乐舞,韩国曾提出反对。我们承认朝鲜族农乐舞确实来自朝鲜半岛,但传到中国已有几百年,而且中国也有朝鲜族,我们的农乐舞既与朝鲜半岛有密切关系,又有我们自己的特色。所以,我们申报是没有问题的。我们也愿意与韩国共同申报。后来因为种种原因,韩国放弃了。此外,蒙古族的呼麦和柯尔克孜族的玛纳斯也与蒙古国、吉尔吉斯斯坦有关系。

总之,加强非物质文化遗产保护的国际合作与交流,一是为了进一步推动我国的非物质文化遗产保护工作。"申遗"首先是为了保护,而不是为了一个名誉称号,或是仅仅为了经济利益。通过"申遗",可以提高项目的知名度,提高人们的重视度。二是为了学习外国的经验,如日本、韩国、法国、意大利等国在非物质文化遗产保护方面的经验做法。三是为了提高中国文化软实力和文化安全、文化主权。四是为了在国际舞台上彰显中华文化,展现中华文化的魅力,促进国外对中华文化的了解和认识,争取话语权,消除误会、误解甚至歪曲,树立中华形象。所以,我们一定要有开阔的国际视野,以切实的保护措施,为中国非物质文化遗产保护,为中华文化走出去,为人类文化的多样性而做出积极的贡献。

(根据2010年9月20日在中央党校非物质文化遗产保护专题研讨班上的讲稿整理)

国家级非物质文化遗产代表性传承人记录工作应该注意的几个问题

非常高兴能到这里和大家一起交流国家级非物质文化遗产代表性传承人记录工作的一些体会。浙江的非遗保护工作多年来一直做得很好，这几年在传承人的记录工作上也做得非常好。2019年7月，在国家图书馆举办的"年华易老 技·忆永存——第二届国家级非物质文化遗产代表性传承人抢救性记录工作成果展映月"上，浙江省非遗中心郭艺主任介绍了浙江省做传承人记录工作的经验。我参加了国家图书馆中国记忆项目中心主持的国家级非遗代表性传承人记录工作验收专家委员会，在记录工作的验收工作中，有一些体会和感受：一方面感觉到这项工作是非常重要的；另一方面也发现在记录工作中存在一些问题，需要我们重视和注意。所以，今天我报告的题目就是"国家级非物质文化遗产代表性传承人记录工作应该注意的几个问题"，仅供大家在具体工作中参考。今天主要从四个方面谈。

一、为什么在我国非物质文化遗产保护工作已经取得很大成绩的时候，还要启动对国家级代表性传承人记录工作？

大家知道，在世界上，我国不是开展非物质文化遗产保护工作最早的国家。日本在20世纪50年代就制定了保护非物质文化遗产的法律。韩国则是在20世纪60年代制定了相关的法律。而我国则晚得多，直到2011年才有了《中华人民共和国非物质文化遗产法》。很显然，我们比起日本、韩国起步要晚得多。虽然我国的非遗保护工作起步晚，却发展得很快，在世界范围内，中国的非遗保护工作是搞得比较好的，这一点连日本、韩国和联合国教科文组织都承认。能搞得好，搞得快，主要是国家重视。我们是政府主导非遗保护工作，这个力度是不一样的，这一点非常重要。记得有一年，好像是2009年，我们向联合国教科文组织申报人类非物质文化遗产代表作，原来联合国教科文组织规定，两年申报一次，一次一个国家只能申报一项，说在联合国范围内，国家不论大小，一律平等。后来我们就反映，一个拥有5000多年文明的古国，与一个只有200年历史的小国，其历史文化是不一样的。一个拥有十几亿人口的大国，与一个只有几十万、几百万人口的国家，其拥有的历史文化遗产也是不一样的。我们申报世界文化遗产，是为了保护，不是为了荣誉，更何况联合国教科文组织也不给钱。你这样限制名额，其实是不公平的，是对历史文化遗产的不尊重，不利于推动非物质文化遗产保护工作。

党和国家对非遗保护工作一直非常重视，在党的十九大报告中，多处提到要弘扬中华民族优秀传统文化，要"加强文物保护利用和文化遗产保护传承"，要"深入挖掘中华优秀传统文化蕴含的思想观念、人文精神、道德规范"，等等。这些年来，非遗保护工作确实成绩很大，发展很快，传承人保护、生态区保护等都有很大的进展。尤其是对传承人的保护，采取了很多举措，包括资金、政策，等等。据统计，自十八大以来，截止到2018年，中央累计投入非遗保护专项资金达46亿元，仅2017年转移地方支付的非遗专项资金就有6亿多元。这一系列举措都有力地推动了非遗保护工作的开展。在各省市自治区当中，浙江非遗保护工作的成绩是排在前面的。

你可能要问了，既然我们非遗保护工作取得了很大成绩了，既然我们的国家级非物质文化遗产代表性传承人的保护工作做得很好了，为什么还要搞什么传承人的记录工作呢？前两年则是称之为"抢救性记录工作"

呢？原来我们不是都做了很多资料工作吗，包括录音、录像，等等。的确我们原先已经做了不少工作，为什么还要搞"抢救性记录工作"？一句话，我们原先做得不够，按当下的标准要求差得很远。

2017年2月23日，《文化部"十三五"时期文化发展改革规划》发布，系统阐明了"十三五"时期文化建设的总体要求、目标方向、主要任务和重要举措。规划把"提高非物质文化遗产保护传承水平"作为重要内容之一，要求"坚持'保护为主、抢救第一、合理利用、传承发展'的工作方针，进一步完善非物质文化遗产保护制度，以人的培养为核心，以融入现代生活为导向，切实加强能力建设，提高保护传承水平，推动非物质文化遗产保护事业深入发展"；提出到2020年，实现"中华优秀传统文化传承体系基本形成"的发展目标，"到'十三五'期末，对非物质文化遗产传承人群开展研修研习培训达到10万人次"的目标；明确推进非物质文化遗产项目保护，增强非物质文化遗产传承活力，振兴传统工艺，加强宣传展示与交流等重点工作，实施中国传统工艺振兴计划、中国非物质文化遗产传承人群研修研习培训计划、非物质文化遗产记录工程、文化生态保护区建设工程、国家非物质文化遗产保护利用设施建设工程等重要项目。

我们的"传承人记录工作"，正是根据《文化部"十三五"时期文化发展改革规划》，"按照统一的标准规范，对国家级非物质文化遗产代表性项目的内容与表现形式、流变过程、核心技艺和传承实践情况进行全面、真实、系统的记录，对其中部分濒危项目和代表性传承人抓紧实施抢救性记录，并加强对记录成果的传播和利用"。

大家注意，《文化部"十三五"时期文化发展改革规划》对传承人记录工作的要求是：按照统一的标准规范，是全面、真实、系统的记录。关键词是"全面、真实、系统"。这也是我们对传承人记录工作的根本要求和标准。

非物质文化遗产司2017年、2018年继续安排专项资金，支持对国家级代表性传承人进行抢救性记录。同时，通过制定统一的验收标准，举办抢救性记录验收培训班，部署对2015年、2016年支持的国家级代表性传承人抢救性记录项目开展通查和验收。我们对传承人的记录工作正是按照文化部的规划而提出的，这将是一项长期开展的工作，今后传承人的记录工作将会常规化。

说到对国家级代表性传承人的记录工作，以前我们也是有记录，但那时主要是为了申报国家非物质文化遗产项目或人类非物质文化遗产代表作，具体要求和标准与今天不一样。以前申报国家非遗项目的申报片只有10分钟，现在申报片则是7分钟，其他资料的要求标准并不高。而在10年前，在那时的条件下，我们的困难很多，资金有困难，设备不够好，技术比较落后，经验也不够，对非遗项目的认识也不够。当年除了沿海经济比较发达的省市非遗经费还比较多以外，西部地区很多省市的非遗经费都不多。在一些西部地区，每一个国家级传承人每个月只能补助四五百元，基本上是维持生活。我到西部一个省调研非遗保护工作，他们的县长对我说，知道非遗保护工作很重要，知道传承人保护很重要，但我们的教师都发不出工资，我哪来的钱搞非遗保护。当年搞非遗保护工作确实困难重重。从今天的眼光看，我们当年所做的工作已经很不容易了，但无疑不够全面、不够系统、不够细致。从宣传的层面，我们做的工作是够了，但从传承、研究、教学等层面看，我们当时的记录还远远不够，基本上没有建立起完整系统的档案。而今天我们的传承人年龄越来越大，当年我们做得不够，现在要补上这一课，再不及时抢救，就可能失去珍贵的绝技。所以，我们要进行抢救性记录工作。

有人说抢救性记录工作是一项进入倒计时读秒的工作，的确是这样。据统计，我国现有国家级非物质文化遗产代表性传承人3068人，已经有超过400位离开了人世，这个数字好像还是2018年统计的数字，到2019年离世的国家级代表性传承人肯定还要更多。专家在验收的时候，就看到一些代表性传承人身体状况很不好，有的是在病床上接受采访。据说有好几位国家级代表性传承人在记录完后，就去世了，令人非常难过。所以，抢救他们掌握的非物质文化遗产技艺确实是刻不容缓的。这方面，我们的教训是很多的。

我国非物质文化遗产保护工作的指导方针是："保护为主、抢救第一、合理利用、传承发展。"为什么是"抢救第一"，就是因为我们的许多非物质文化遗产项目的生存已经到了濒临消亡的"最危险"的境地，再不抢救就来不及了。而在非物质文化遗产的保护中，保护传承人是关键。因为一位传承人的离去，就可能带走一项绝技、一个项目，甚至是一个民俗活动。而我们的国家级传承人普遍年纪较大，当年在申报国家级传承人的过程中，还没有等到文化部的批准，有的申报人就去世了。记得有一年公布国家级非物质文化遗产代表性传承人名录时，有好几个名字画上了黑框。在新闻发布会上，有记者问我，不是说非物质文化遗产保护强调活态传承吗，去世的不能申报国家级传承人吗？怎么还有去世的传承人上了名录呢？当我告诉他们，这些画黑框的名字，在申报的时候还都健在，但在通过了评审，在等待批准的时候去世了。所以，这些去世的名字是要上名录的。同时，它又在提醒我们，非物质文化遗产代表性传承人的抢救工作是"刻不容缓"的，我们真是在与"时间赛跑"。

今天我们的情况不同了，我们不缺少资金，不缺少设备，不缺少技术，更不缺少政府的重视。因此，我们的记录工作具有充分的条件，如果我们搞不好，真是愧对祖先、愧对后人了。我们每一位参加传承人记录工作的同志，一定要提高认识，真正认识到我们在做的这项工作的重要性和重要意义。这两年，我参加了抢救性记录工作的验收评估工作，对这项工作的重要性、紧迫性有了更为深切的认识。

我们这一次抢救性记录工作，说得好听一点，是完善档案建设；说得不好听一点，是补课。我认为，我们现在做的记录工作，一定要做成一次不留遗憾的工作。

这一次国家级非物质文化遗产代表性传承人抢救性记录工作，指导思想明确，部署周密。先是2013年，文化部选取31个项目的50位代表性传承人开展抢救记录试点工作。2015年4月，文化部印发了《关于开展国家级非物质文化遗产代表性传承人抢救性记录工作的通知》，同时下发了《国家级非物质文化遗产代表性传承人抢救性记录工作规范（试行稿）》（以下简称"工作规范"），全面启动了国家级非物质文化遗产代表性传承人抢救性记录工作。2016年，文化部非遗司委托国家图书馆中国记忆项目中心起草了《国家级非物质文化遗产代表性传承人抢救性记录工程操作指南》（以下简称"操作指南"），并进行了培训，最后还有验收评估。在评估验收工作中，既有非遗专家参与，又有技术人员、文献方面的专家和纪录片的专家参与。这一系列部署，计划性、针对性都很强，效果也是好的。

实践证明，启动国家级非物质文化遗产代表性传承人抢救性记录工作，是在新的形势下对非遗传承人保护采取的一项重要的举措，是很及时的，很有必要的。

二、此次抢救性记录工作要达到一个什么样的目标？

刚才谈为什么现在要启动抢救性记录工作，其实已经回答了这个问题：一句话，就是为了更好地保护传承人。从开展非物质文化遗产保护工作之初，我们就明确地提出，非物质文化遗产保护的关键是对传承人的保护。

关于保护，联合国教科文组织公布的《保护非物质文化遗产公约》明确指出："'保护'指确保非物质文化遗产生命力的各种措施，包括这种遗产各个方面的确认、立档、研究、保存、保护、宣传、弘扬、传承（特别是通过正规和非正规教育）和振兴。"应该说，联合国教科文组织关于"保护"的规定已经很具体了，这也是各个国家对非遗保护实践的总结和归纳，是行之有效的。

国家级非物质文化遗产代表性传承人抢救性记录工作，无疑是在新的形势下对传承人所采取的一项有效的保护举措，准确地说是"保存"。我们无论如何也留不住流逝的时间，传承人的年龄一天比一天大，我们能做的就是与时间赛跑，留住传承人掌握的技艺，这个"留住"就是"保存"。"保存"很有必要，也很重要，这是一种原真的、活态的保存。首先，它是建立在对保护对象认真、系统、科学的认识基础上的"保存"。其次，它又为今后的研究、传承留下了"根"，留下了种子。正如文化部的通知等文件中强调的，开展代表性传承人的抢救工作刻不容缓。对传承人开展抢救性记录，将传承人对文化传统的深刻理解与自身掌握的精湛技艺，通过数字化多媒体手段全面、真实、系统地记录下来，保留下中华民族优秀传统文化基因，为后人传承、研究、宣传、利用非物质文化遗产留下宝贵资料，对继承和弘扬中华民族优秀传统文化、构建中华民族优秀传统文化传承体系，具有重要意义。

大家注意，这一次记录工作的目的和目标，就是通过数字化多媒体手段全面、真实、系统地记录下来，保留中华民族优秀传统文化基因，为后人传承、研究、宣传、利用非物质文化遗产留下宝贵资料。我们抢救记录下来的资料，要为传承、研究、宣传、利用服务。第一是保存好这些资料。要不断丰富完善，建立起完整的传承人档案。第二要利用好这些资料。首先是为活态传承提供范本；其次是为培训教学提供真实可靠的教材；再次是为深入研究提供第一手可靠的、完整的资料，真正做到"合理利用，传承发展"。

如果我们抢救记录下来的资料，能为传承、研究、宣传、利用提供可靠而丰富的内容，如果通过我们这一次抢救性记录建立起完整系统的传承人档案，才可以说我们的记录工作的目的达到了。

三、这次抢救性记录工作与以往对传承人保护的记录有什么不同？

说到这里，再来说这次抢救性记录工作与以往对传承人保护的记录有什么不同？这似乎有些多余，因为我们前面其实已经讲到这次抢救性记录工作与以前有很大的不同。这一次是通过数字化多媒体手段全面、真实、系统地记录，关键词是：数字化多媒体手段——全面、真实、系统。

在"工作规范"和"操作指南"中，对记录有非常具体的要求和标准，涉及抢救性记录的理念，对传承人和非遗项目的深刻认识，口述史、影像设备及其技术要求，文献的收集整理编辑等，需要技术专家、非遗专家、文献专家和专业的拍摄团队等共同参与。可以说是在现今条件下全方位调动一切手段进行抢救性记录，与以往的记录认识不一样、手段不一样、技术不一样、要求标准不一样。

这一次记录工作要求很明确，分为文献片、综述片、工作卷宗三大块。要求很具体，有时人们感到是不是要求得太死板了。不是这样的，这都是为了保证抢救性记录工作能达到预期的目标而规定的。

文化和旅游部要求，这一次抢救性记录要提高记录方法的科学性，提高记录时量和效率；要确保记录一个，成功一个。我们一定要认识到这一次抢救性记录工作不是以往记录工作的复制，而是一次具有更高标准的记录工作，是一次不留遗憾的记录工作。

四、怎样搞好记录工作，记录工作中要注意什么问题？

我们的记录工作确实是一项新的工作，这两年专家委员会验收的结果还是很乐观的，合格率都在90%以上。如2018年对238个抢救性记录成果进行验收，其中合格项目227项，优秀项目25个，不合格项只有11个，合格率达95.4%，优秀率是10.5%；2019年验收项目229项，合格项目220项，优秀项目22项，合格率是96.1%，优秀率是9.6%。这些数据表明，我们的记录工作取得了很大成绩，但也存在不少问题。2018年验收238个项目，优秀只有25项；2019年验收229个项目，优秀只有22项，说明大部分项目的记录还没有达到令人比较满意的程度，通过的项目多多少少都存在一些不足，存在一些需要认真对待的问题。通过传承人记录工作，反映出我们的很多非遗项目，一是档案建设不够专业，不够系统和完整；二是有些地方和项目工作做得好，有的做得不够好，反映出有些方面对这项工作的重视和认识不够；三是我们缺少记录工作的行家、专家，缺少建立非遗档案的专业人才。

怎样克服困难，尽可能地搞好传承人的记录工作呢？我有这样几点认识：一是学好相关文件，提高认识；二是严格按"工作规范"和"操作指南"做好"规定动作"；三是对传承人及其项目要有全面深入的了解，提高对所记录的传承人和项目特色、文化内涵的深刻认识；四是做好充分的准备，制定详细的方案；五是要带着对传承人的尊重、彼此的信任和深厚的感情来做好抢救性记录工作。

我们一定要按照"工作规范"和"操作指南"，做好"规定动作"。所谓"规定动作"，主要是指一些硬性的要求，包括采访的时间不能少于5个小时，包括对一些技术指标、工作卷宗的具体要求。这些要求都是为了保证记录工作能够很好地完成，而不是为了应付验收检查。概括地说，就是学好文件、准备充分、认识到位、措施得力，还要做到精心、细心、耐心、爱心。总之，要带着感情去做，要有责任心、使命感。

现在我想着重从验收工作的角度，谈谈记录工作应该注意的问题。验收工作是为了检查抢救性记录工作的成果，总结经验，更好地推动下一步工作。验收工作主要依据"工作规范"，并参考"操作指南"，准确地说是以"工作规范"为标准。其中，综述片、文献片和工作卷宗等各项的分值，均参考"操作指南"。

验收人员的组成包括技术人员、非遗专家、纪录片专家和文献专家。技术人员负责审核项目，包括综述片、文献片和工作卷宗；负责审核抢救性记录成果是否符合"工作规范"要求的完整度和基本技术标准。审核内容包括综述片和文献片的时长、分辨率、码率和外挂字幕等技术指标，如审核口述片是否缺项，时长、数量等技术指标是否达标。大家注意，这些具体的指标在"工作规范"和"操作指南"中都有具体的要求。我把这些指标称为"规定动作"，并要求一定要达标，也是为了保证记录的完整度。

非遗专家主要负责记录成果的整体内容与学术水平的审核。审核项目包括综述片、文献片和工作卷宗。如综述片的信息是否正确，是否达到了学术水准，是否出色地运用了文献片中的素材并加以补充，是否能展现出传承人和项目的特色与魅力，以及文献片和工作卷宗是否达到了一定的学术质量，等等。这些审核要掌握的标准，其实就是记录工作要达到的标准。如文献片，包括口述片、项目实践片、传承教学片等三部分内容，每一部分都有明确的要求。

对口述片的要求是：访谈质量高；细致全面地讲述非遗项目实践与传承，完整地讲述传承人人生经历；内容深入、细节丰富；访谈时间长于5个小时。对访谈的质量要达到一定的标准，非常强调访谈的细致、全面。要细致全面地讲述非遗项目的实践与传承，要完整地讲述传承人的人生经历；访谈内容要丰富深入，特别是要注重细节。这里还要强调这几个关键词："细致、全面、完整。"

对项目实践片的要求：完整记录非遗项目实践全部过程，对所有步骤和细节均进行细致展示，能够体现其特色；除核心内容外，还要记录丰富的相关内容；有较高的说明性和参考性。这里的关键词是"完整记录、细致展示"。要注意，我们不是拍商业片，也不是拍艺术片，是拍具有原生态状态的文献资料片，以文献资料的完整、真实、准确、系统为标准，而且还要有一定的艺术审美要求。这说起来容易，做起来难。因为在拍摄这些文献资料片的时候，导演受到的限制太多太大，有时导演和镜头还得迁就传承人的状况，确实很难。在实际工作中会遇到许多意想不到的状况，只能根据要求和标准，尽可能地完成记录。还要注意，项目实践片需要记录传承人所掌握的完整的实践过程，不只是其代表作。

对传承教学片的要求是：就不同的科目、作品和学员情况，有针对性、系统性地详尽记录传承人的教学过程；能充分体现出传承人的特色教学方法与教学内容；能补全在口述片和实践片中无法充分展现的技艺细节和传习精要。大家注意，传承教学，要多样、多种呈现，不要生硬刻板，为了拍片子而"摆拍"出来的是不自然的，也最容易被验收专家扣分。传承教学片是指传承人对徒弟或学员口传身授的过程，要求体现师徒关系，记录的内容是传承人的教学行为，应系统展现教学的关键环节和传承特点。这里的关键词是"针对性、系统性、特色"。另外，要求"补全在口述片中和实践片中无法充分展现的技艺细节和传习精要"，非常重要。如何补全这些细节和精要，不是一件容易做到的事。

对综述片的要求是：出色运用文献片中的素材，并加以补充，能够充分体现出抢救性记录工程的成果，表现以传承人为核心的非遗项目的特色和魅力；能够完整展现传承人非遗传承的精彩历程。在验收工作中，验收专家看得最多的就是综述片。打个不恰当的比方，综述片就像体操比赛中的"全能比赛"，最能体现记录工作的质量和水平。对综述片的要求是"好吃又好看"。对口述片、项目实践片、传承教学片做了大量的记录，如何出色地运用这些素材，充分展现出传承人的特色和魅力，是要见真功夫的。

工作卷宗包括收集文献、口述文字稿、工作流程相关附件。

对收集文献的要求是：具有较高史料价值、文献价值，能全面反映传承人及非遗项目各方面特点及信息；种类丰富、全面，数量多；合理解决版权问题。

对口述文字稿的要求是：对访谈进行严谨细致的转录、编辑和校对，添加丰富准确的注释，保留口述特点且有较高的文字质量，可供出版使用。

对工作流程相关附件的要求是：完整记录工作信息，确切反映工作流程；各法律文本完整有效。

做好记录工作的关键是"态度认真、认识到位、专业一流"。"态度认真"主要就是指重视不重视、精心不精心、细心不细心；"认识到位"是指对记录的代表性项目是不是真正的熟悉了解，对代表性传承人的全部经历和传承特点熟悉不熟悉、了解不了解，特别是对主要传承的技艺及其特征要认识到位，把握准确，表现充分；"专业一流"包括档案建设的专业等。

当然，在传承人记录工作中会遇到很多困难和问题，如传承人直接接受采访、讲述，应该怎样做，如果传承人不能直接讲和演示，而让徒弟讲、演示，又该怎么呈现？特别是传承人口述采访，他已经讲了多遍，不愿再讲，怎么办？有些传承人说不出来，怎么办？有些传承人一面对镜头就慌张怎么办？有些传承人以前多次被采访过，再采访，有抵触情绪怎么办？对于这些问题，我们都要有预案，特别是要与传承人好好沟通。传承人都是有个性的，主持人、记录人一定要备好课，研究、熟悉传承人。所所以我强调做好记录工作，要做到精心、细心、耐心、爱心，还要带着感情去做，要有责任心和使命感。一句话，要进行有效的沟通，要建立信任，要投入感情。传承人往往都是年龄比较大、有个性，因此主持人一定要熟悉传承人，要和他们交朋友，要倾注感情，要讲究采访的技巧。当传承人讲不出来的时候要进行有效的沟通，而不是生硬的提示或引导。

采访、录音录像，一定要注意原生状态。如用方言唱、方言讲，只有这样才是原汁原味的。还要注意传承人唱、讲，或展示手艺时的环境、生态。如果是在表演，那就与他平时的工作状态肯定不同。我们在记录时，脑子里要有一根弦，即他是什么样就是什么样，我们不能去要求他该怎么样。

在"操作指南"中有一个"常见问题解答"，对一些具体问题阐释得非常详细，大家要好好看看。如"文献片、综述片的区别是什么"？"解答"是："文献片是此项记录工程的主要成果，应突出史料价值、学术价值和参考价值，这也是验收工作中所要考查的主要指标；综述片是对抢救性记录工程成果的展示，具备可视性和传播价值，是验收工作中的所要考查的次要目标。"这里既把文献片、综述片的区别说得非常清楚，又把验收考查的要求说得非常清楚。但这里面要注意，文献片的要求是"应突出史料价值、学术价值和参考价值"，是"此项记录工程的主要成果"。又说综述片是"次要目标"，但不等于说对综述片的要求就比文献片低，恰恰相反，综述片是文献片最为生动的展示，要求比文献片更高，更要求"精细剪裁和艺术处理"。

又如"若传承人所属项目为集体项目或规模很大，传承人只负责其中的一个工序或环节，该记录哪些内容"？"解答"是："此次抢救性记录工程的对象是传承人，应首先保证完整记录传承人所掌握的项目实践及其传承教学行为。在拍摄和剪辑过程中，应以传承人的操作、表演及指导示范为重点，兼顾项目其他环节、其他人员及整体现场和环境。"

再如"项目实践片、传承教学片的关系是什么"？"解答"是："口述片、项目实践片和传承教学片是共生与互补的关系。基于对传承人的口述史访谈，旨在用影像手段，通过实践片进一步呈现项目特点。通过传承教学片，对实践片中难以捕捉到的细节、火候、要点做进一步说明。"

还有"口述史访谈与一般采访的区别是什么"？"解答"是："口述史访谈是受访人生活和生命的展开，其主体导向是受访人，访谈关注受访人的成长经历、师承情况、技艺特色，以及当地社会文化对传承人的影响等。同时，对于项目实践片和传承教学片不能完全展现的行业禁忌、技术内涵、绝活和文化渊源等，也应在口述史访谈中补充。"

最后进入验收阶段，验收结果分为优秀、通过和不通过三种。其中，通过又分为直接通过和修改补充后通过两种情况。

以上所讲的这些要求，都是从"工作规范"和"操作指南"两个文件中归纳出来的，不是纸上谈兵，而是从传承人记录的实际工作中总结出来的。无论是"工作规范"还是"操作指南"，都具有操作性。特别是"操作指南"针对十大类非遗项目的不同特点，均提出具体的标准，这对我们搞好抢救性记录工作是非常重要的，所以要掌握好这些标准。需要说明的是，验收专家根据这些标准验收，而这些验收标准就是记录工作的要求和标准。

当然，仅仅按"工作规范"和"操作指南"的要求，不可能解决我们在记录工作中遇到的所有问题，在实施记录工作的时候，你会遇到许多很具体的困难和问题。比如，你要充分考虑传承人的年龄、身体状况，甚至性格脾气，妥善安排好工作计划。对年龄大的、身体状况差的，就要抓紧时间，尽量早安排；或者说在传承人身体精神状况比较好的时候，抓紧进行记录工作。还有许多你事先不可能预测的各种各样的情况，这就需要我们在实际工作中，根据相关文件的精神和规定，特别是国家颁布的《非遗法》，坚定践行"保护为主、抢救第一、合理利用、传承发展"的指导方针，就能做好我们的记录工作。

有条件的话，可以学习借鉴第一批验收项目中比较优秀的项目，这对我们进行记录工作是有帮助的。

（根据 2019 年 11 月 13 日在浙江非遗代表性传承人记录暨成果编纂培训班上的讲稿整理）

非物质文化遗产保护的理论与实践探索
——以建立文化生态保护实验区为例

建立文化生态保护实验区，是我国在非物质文化遗产保护工作中采取的一个重要举措，也是我们在非物质文化遗产整体性保护理念的指导下所进行的实践探索。

近几年来在非物质文化遗产保护方面所取得的成就有目共睹，但我们也有一个不断提高认识和不断实践探索的过程。为了更好地推动非物质文化遗产保护工作，一开始我们就提出三句话，即保护什么、为什么保护、怎样保护。前两句话主要是认识问题，后一句话是实践和行动的问题。

首先是认识问题，你只有真正搞清楚保护什么、为什么保护，你才能拿出科学的保护措施。说到认识，不仅仅指认识到当前保护非物质文化遗产是多么重要和紧迫，还要对非物质文化遗产的特质有科学的认识。科学地认识非物质文化遗产，要十分重视对它的特性及规律的研究与把握。非物质文化遗产是"无形文化"，它不同于"有形"的文化遗产，如故宫、长城等。非物质文化遗产都是与一定的文化生态联系在一起的，正所谓一方水土养一方人。所以，我们在非物质文化遗产保护中，除建立了国家名录体系、传承人认定保护机制等之外，又采取了建立文化生态保护区的举措。

文化生态的理念，来自生态学。生态学就是研究生物与环境相互关系的科学。我们常常喜欢举这样的例子。在长江里有一种珍贵的白鳍豚，我们怎么保护好白鳍豚呢？有两种保护办法：一是把白鳍豚放到水族馆里；二是继续让白鳍豚生存在长江里。前一种我们称为"博物馆式"的保护，这是死路一条，没有前途。因为这样的保护，只能使白鳍豚这种珍贵的生物变异、退化。后一种才是生态保护。但要把白鳍豚放到长江里保护，你就得整体性考虑目前长江的水质情况，以及保证白鳍豚生存的生物链的情况，是否适合白鳍豚的生存。此外，还要考虑是否制定了相应的政策法规，为白鳍豚的生存提供保障，等等。如果有问题，就必须及时改善。生态学的最终目的是运用整体的理念，研究生物与环境的关系，从而保证生物更好地生存与发展。这个理念完全符合文化生态保护。当然，文化生态的保护远比生物生态的保护复杂得多。

建立文化生态保护区，不仅是依据整体性保护的理念，还在于我们的非物质文化遗产面临着严峻的生存环境。

建立文化生态保护区，表明我们已自觉地以整体的理念来保护非物质文化遗产。我们所建立的文化生态保护区是指，在一个文化资源丰富、保存较为完整、具有鲜明的地域特色的区域，物质文化遗产（古建筑、历史街区与村镇、传统民居及历史遗迹等）和非物质文化遗产（口头传说和表述、传统表演艺术、民俗活动、礼仪、节庆、传统手工技艺等）相依并存，并与人民的生产生活息息相关，与自然环境、经济环境、社会环境和谐共处的生态环境。非物质文化遗产主要是靠人来传承，因此必然要依存于一定的自然和人文环境，离开了特定的自然和文化生态环境，非物质文化遗产也就失去了存活的土壤。建立这样的文化生态保护区，是以非物质文化遗产保护为核心，而对区域内的文化生态进行整体保护。

目前，我们已经建立了四个文化生态保护实验区，即闽南文化生态保护实验区、徽州文化生态保护实验区、羌族文化生态保护实验区、青海热贡文化生态保护实验区。闽南文化生态保护实验区是我国建立的第一个国家级文化生态保护实验区，区域包括漳州、泉州、厦门三地。建立文化生态保护区，首先要有一个经过科学论证的保护规划，在这个保护规划中，要有明确的具体保护举措和步骤，要有明确的保护目标，如对区域内非物质文化遗产代表性项目的保护方案、对代表性传承人保护的方案等。重要的是要有政策、法规的保护，要为传承人的传承、习俗活动营造适宜的环境；还要重视教育和宣传，选择区域内有特色的非物质文化遗产项目进校园、进课堂、进教材。如在泉州，南音和高甲戏已经成为中小学音乐教育的课程，这对培养年青一代对民族文化的感情和传承极为重要。2008年四川大地震，给羌族人民的生活造成了极大的破坏，在恢复家园的建设中，从一开始就十分重视对羌族传统文化的抢救与保护。羌族文化生态保护区的建设，为整体性保护羌族的文化创造了有利的条件。从羌寨、碉楼到羌年习俗，特别是对释比的保护，这样就可以把地震造成的损失减小，使羌族同胞仍生活在他们熟悉的、世代相传的文化氛围中。再如青海热贡文化生态保护实验区的区域虽不大，只是一个县的范围，但这里的文化生态相对保护得比较完整。热贡艺术主要集中在唐卡、堆绣和木雕等传统项目上，但它们有一个共同点，就是这些非物质文化遗产项目基本上都是为寺庙、为宗教活动服务的，这既是他们的信仰，又是他们的技艺。在这样的区域保护非物质文化遗产项目，就一定要尊重当地少数民族的信仰和习俗。因为在这里，信仰、习俗和技艺是紧密联系在一起的。据我所知，目前还有一些地区积极申报建立文化生态保护区，看来建立文化生态保护区的探索逐渐得到人们的认可。

　　在建立文化生态保护区的工作中，无论是在理论上还是实践上都在努力地探索，确实是"探索"，所以我们现在的名称叫"文化生态保护实验区"，还在"实验阶段"。就我个人研究心得，我认为建立文化生态保护区一定要从各地的实际出发，一定要面对非物质文化遗产现实的存续状况。因此我借用两个词来表达我的观点，一个是"因地制宜"，另一个是"退耕还林"。"因地制宜"好理解，就是从各地的实际出发，搞出自己的特色。闽南有闽南的搞法，保护的是闽南文化；徽州有徽州的搞法，保护的是徽州文化。比如，徽州地区的古村落比较多，保护得也完整，充分利用古村落恢复和保护徽州的文化生态是徽州文化生态保护区的重要措施之一。那么，什么叫"退耕还林"？原来在西北地区，当年为了发展农业，把一些草原、林区变成了农田，破坏了生态，甚至造成了自然灾害。后来人们认识到了错误，退耕还林，改善和恢复了生态环境，对西北部地区的经济和社会发展产生了非常好的作用。文化生态的保护，也需要"退耕还林"。因为经济的发展和其他因素，多年来我们的文化生态环境也发生了很大的变化，有些是需要"修复"的，特别是对习俗活动的恢复、对信俗的尊重，极为重要。在一个文化生态区内，习俗活动对恢复、修复和保护文化生态具有极为重要的作用。另外，还要十分重视传统手工技艺的振兴与传承。

建立文化生态保护区是非物质文化遗产保护的必由之路，但由于当前的文化生态环境面临着许多的困难，形势非常严峻，因此以活态的、整体的理念建立文化生态保护区，无论是在理论上还是实践上，都需要深入研究、深入探索。

在"中国成都国际非物质文化遗产节·非物质文化遗产国际论坛"上的总结发言

为期两天的"中国成都国际非物质文化遗产节·非物质文化遗产国际论坛"即将闭幕，受大会组委会委托，我将此次论坛的学术研讨情况做一个简要的总结。由于在论坛举行期间，我还在参加同期举办的"联合国教科文组织保护非物质文化遗产政府间委员会特别会议"，未能全程参加论坛，所以对论坛的学术讨论难有详尽了解，在这里我只能把大家的发言做一个简要的归纳。

在正式谈论坛学术研讨情况之前，我首先想谈一下开展非物质文化遗产保护工作的背景。也就是说，我们是在什么样的背景下开展非物质文化遗产保护工作的，非物质文化遗产保护工作又面临着怎样的形势。我认为，对每个从事非物质文化遗产保护工作的人来讲，清楚地了解这样的背景是参与工作的前提。自联合国教科文组织倡导保护"人类口头和非物质遗产"以来，已经形成了一个国际共识：各个国家各个民族的非物质文化遗产，对我们维护人类文化的多样性及人类文明的发展，有着非常重要的意义。我们所说的守护精神家园，其实就是守护住我们各个民族的根。为什么提出保护非物质文化遗产？不仅是因为它重要，而且还有一个更重要的背景，就是它面临着很大的危险，这就是我们常讲的"濒危"。现代社会经济、科技高度发展，成为人类文明进步的标志。但同样，现代社会的发展对古老文明、文化传统和传统文化也产生了很大的冲击。如果说我们现在不能够充分认识到非物质文化遗产面临消失的危险性，不采取有效的保护措施，那么在若干年以后，我们这些精神财富就可能永远消失。这就是我们面临的十分严峻的形势。就中国保护非物质文化遗产的情况来看，其背景还有一个重要的因素，即中国政府对非物质文化遗产保护始终给予高度重视。特别是近几年来，中国政府加强了对非物质文化遗产保护工作的力度，确定了保护工作的原则方针，建立了专门的工作机构。与此同时，中国政府还积极参与联合国教科文组织倡导的各项非物质文化遗产保护的国际活动，并为此做出了很大的努力。昨天，我们参加了"中国成都国际非物质文化遗产节"的开幕式，我们有什么感受呢？那就是在成都，在四川，在中国，有那么多令人赞叹和丰富多彩的非物质文化遗产；还有来自不同国家、不同民族的人们共聚于此，以极大的热情关注非物质文化遗产的保护。当感受到各个民族异彩纷呈的非物质文化遗产时，我们的心情是怎样的呢？第一是感觉真好；第二是激动；第三就是强烈地感到我们肩上的责任，一定要把它们保存下来，保护下来，传承下去。

鉴于对非物质文化遗产保护工作的高度认识，这几年中国在非物质文化遗产保护方面做了大量的工作。2006年5月，经国务院批准公布了第一批"国家级非物质文化遗产名录"，包括10个门类，共518个项目。目前，第二批"国家级非物质文化遗产名录"的申报工作正在进行中。我们可以说，在中国，非物质文化遗产的保护工作已经取得了很大的成绩。当然，我们面临的问题也很多。在这次国际论坛上，许多专家学者结合保护工作的实践，提出了很多问题。这其中既有多年来一直存在的老问题，也有在新的形势下出现的新问题。因此，我们适时举办类似此次的学术研讨会，其目的就是提出问题并探讨解决问题的方法。比如，在现代化高度发展的今天，我们如何处理好保护与发展的关系就是一个大问题。我记得论坛的第一天，乌丙安教授在发言当中就谈道："非物质文化遗产生态环境保护的两难问题必须解决。"我们既要发展经济，推动社会发展，同时又要保护我们的遗产，这是"两难"。其实，这个问题早就摆在了我们面前。

当我们走向现代化的时候，我们怎样处理好传统与现代的关系、保护与发展的关系、经济与文化的关系等，都是保护工作面临的困难。如何在理论上讲清楚这些关系，尤其是在理论与实践的结合上解决好这些关系，对非物质文化遗产的保护极为重要。再如非物质文化遗产的保护与旅游业发展的关系。从现状看，多数情况是哪个地方的旅游搞得好，就很可能对当地的文化遗产造成很大的破坏。当然，这样说不是说我们不能发展旅游业了。旅游业毫无疑问要发展，问题的关键是要在我们正确认识保护非物质文化遗产的重要意义的前提下，科学合理地将非物质文化遗产资源转化为旅游资源，以促进行业发展，并最终使作为资源利用的非物质文化遗产习得者的经济收益得到提高。只有这样，我们才能避免仅仅为了眼前的经济利益，而使非物质文化遗产的生存环境遭遇破坏。

在这次国际论坛上，国内的许多专家学者就非物质文化遗产的传承问题做了精彩发言。刘锡诚研究员从传承方式、传承人调查认定方面，谈了非物质文化遗产保护的问题。今年，中国非物质文化遗产保护工作突出了两个重点：一是传承人的认定和保护问题，二是文化生态保护区建设问题。文化部周和平副部长多次强调，要对这两个问题予以关注，加强研究。当然，在我们的非物质文化遗产保护工作的具体实践中还存在很多问题，但这两个问题是重点。这也是我们所面临的非常紧迫的工作和课题，不解决好这两个问题，非物质文化遗产保护工作就无法深入扎实地进行下去。大家都知道，非物质文化遗产有其特殊性，多种文化表现形式，特别是民间文学、传统手工技艺都是靠口传心授来进行传承的，那么传承人的确认和保护就成了非物质文化遗产保护工作的一个关键。安徽是一个文化大省，有着丰富的文化遗产，包括黄梅戏、花鼓灯、徽剧等。在20世纪80年代初期，中国艺术研究院曾组织专家到安徽抢救录制了将近20个小时的徽剧代表性剧目。但到了2000年，安徽省从事戏曲研究的学者发现，我们在20年前录制的一些徽剧剧目，现在已经没有人能演了。这意味着什么？一个老艺术家、一个代表性传承人的去世，带走了非常珍贵的代表性剧目，甚至带走了一份珍贵的遗产。由此可见，传承人的问题在非物质文化遗产保护工作中非常突出。

关于文化生态区的保护也是我们这次论坛大家谈得比较多的问题之一。再过几天，就是我们国家第二个"文化遗产日"。据我所知，在第二个"文化遗产日"期间，文化部将要公布第一个国家级的文化生态保护实验区。我注意到吴文科研究员在发言中强调，文化生态保护对非物质文化遗产保护来说是一个必要的措施，是必须要解决的问题。为什么要强调建立文化生态保护区？其原因就是要保护好我们的非物质文化遗产，就必须要保护好它的生存环境。所谓的文化生态保护，就是用科学的观点、整体的观念来保护非物质文化遗产，而不是孤立地保护一个个项目；不是博物馆式的保护，而是活态的保护。2007年3月下旬，我在厦门参加"闽南文化生态保护研讨会"的发言中，曾举了这样一个例子：我们要保护一种稀有的珍贵鱼种有两种方法，一种是人工饲养，放在水族馆里或是鱼缸里；还有一种是把它放到它原本生存的河里、江里、湖里、海里。前一种是博物馆式的保护，是无奈之举；后一种保护才是真正意义上的生态保护。但值得注意的是，当我们将这种珍贵的鱼放到河里、江里、湖里、海里的时候，必须考虑这些地方是否还适合它们生存，有没有污染，有没有其他不利于它们生存的因素。因此，非物质文化遗产保护与很多方面密切关联，是一个系统的工程。当非物质文化遗产失去了其生态环境的时候，再想保护恐怕就更加困难了。所以，我注意到，在这次研讨会当中，许多专家、学者都从非物质文化遗产的文化生态和传承人的角度，提出了很多建设性的意见，这对我们进一步搞好非物质文化遗产保护工作是有指导意义的。

本次论坛，我们非常高兴地看到了许多来自国外的专家学者，包括布什纳基先生、阿拉斯泰尔先生、金光南先生，还有英国、意大利、爱沙尼亚和瓦努阿图的专家学者等。他们都结合本国的非物质文化遗产保护的实际情况，提出了很多重要的观点，对我们很有启发和借鉴意义。我刚才讲到，这两天正在成都举行"联合国教科文组织保护非物质文化遗产政府间委员会特别会议"，这个会议研究的就是《保护非物质文化遗产公约》。该公约公布后，我们怎样去认定非物质文化遗产，怎样去申报"人类非物质文化遗产代表作",并由此进一步推进非物质文化遗产保护的国际交流与合作。我们都知道,有些国家非物质文化遗产保护的工作做得比较早、比较好,这其中有我们所熟知的日本、韩国等。日本在20世纪50年代就为非物质文化遗产保护立法,2001年又制定了《文化艺术振兴基本法》。韩国是在20世纪60年代初通过立法来保护非物质文化遗产的。他们的许多经验很值得我们学习借鉴。当然,随着时代的发展,非物质文化遗产保护又不断出现新的问题。我和韩国从事非物质文化遗产保护工作的朋友交流过,他们在对本国非物质文化遗产传承人的保护措施的实践过程中出现的新问题也在反思和总结,并希望中国能在非物质文化遗产保护,特别是传承人的保护方面有更好的措施、方法和经验,使传承人的保护措施更适合今天的情况。

  北京大学的高丙中教授谈的话题是"从文化遗留物到非物质文化遗产的历程"。也就是说,民俗的复兴意味着从文化遗留物到非物质文化遗产的转变。当我们把非物质文化遗产变成公众文化的时候,通常说明该文化表现形式(或文化空间)在其传承区域经历着复兴的过程。这种文化复兴的教育功能是不言而喻的。在这种情况下,我们怎样去认识它、保护它也是一个比较重要的问题。

  中国艺术研究院吕品田研究员是研究传统手工技艺的专家。他在发言中认为,在非物质文化遗产中,传统手工技艺是非常珍贵的一个方面,而它们所面临的难题与其他方面比较起来可能更大。为什么呢?因为现代化的发展使我们的生活方式发生了非常大的变化,很多身怀绝技的老艺人靠他们的绝技在今天已难以维持生活了。吕品田研究员提出的传统手工技艺传承存在的诸多问题,事实上在其他类别的非物质文化遗产传承中也不同程度地存在。昨天晚上,我们观看了非物质文化遗产专场演出,几位可爱的侗族小姑娘演唱了侗族大歌,简直是天籁之声。田青先生是研究音乐的专家,他告诉我,她们是无伴奏多声部的演唱,真是了不起。过去,侗族大歌主要是由老歌师向孩子们传授。这一传承方式可以说明两点:第一,这在当地是一种文化传统;第二,过去的歌师靠着传授侗族大歌是可以生活的。但是时至今日，许多年轻人外出打工，当回到村子的时候，虽然还是穿着漂亮的民族服装，身上的银饰依然叮当作响，可是她们常常唱的歌已经不是流传下来的侗族大歌了，而是通俗歌曲了。歌师不能再靠传授侗族大歌来生活了，因此侗族大歌的传承就面临着很大的危机。这样的例子还有很多。因此，怎样去解决这个问题，怎样加强对这些传统技艺的保护，使传承人能够生存下去，能够将他们的绝技传承下去，值得我们深思。当然，保护传承人需要考虑很多因素。但是我认为，必要的法律保障和为他们的生存营造一个适宜的环境，是其中最为重要的两个因素。

苑利研究员在本次论坛中谈及的问题对我们来说是非常有启发的。这几年来，他的一些思考，特别是他对非物质文化遗产的范畴、认定标准及许多相关问题的理论界定的一些思考，都对我们很有启发。他认为，不论是联合国教科文组织还是中国政府，都对非物质文化遗产的概念进行了严格的理论概括，并有明确的界定。但随着非物质文化遗产保护工作的不断深入，参与者不断增加，新的问题也不断地出现，在原有的基础上重新对非物质文化遗产的概念、认定标准等进行界定，使之更准确更科学，已显得十分必要。也就是说，有些问题看起来只是抽象的理论概念、原则上的标准，但不搞清楚也会造成理论和认识上的混乱。非物质文化遗产相对于物质文化遗产而言，它的传播范围更广，情况更为复杂，可以是多种多样的。中国第一批"国家级非物质文化遗产名录"分为十大类别，如果再细分应不止于此。从工作层面上到学术层面，形成基本概念和标准的界定的共识，对我们实施保护和开展研究都有很大的启发。

我认为，田青研究员提出的非物质文化遗产保护与发展中的问题，郑长铃研究员提出的非物质文化遗产与文化身份认同问题，陈飞龙研究员提出的非物质文化遗产传承人的分类保护问题，刘魁立研究员提出的文化生态保护问题，彭兆荣教授提出的后现代背景下的"家园遗产"归属、认知与认同问题，马盛德研究员提出的非物质文化遗产中民间舞蹈普查方法问题，李心峰研究员提出的非物质文化遗产的创新价值，江玉祥教授提出的非物质文化遗产的认定、保护及相关问题等主题发言所阐述的观点和建议，对非物质文化遗产保护工作都是非常有意义的。很多专家学者长期致力于田野考察工作，他们在掌握了第一手非物质文化遗产资料的同时，对实际考察中发现的问题，上升到理论的高度加以认识，并提出了科学的解决办法。为这些专家提供一个提出问题和理论探讨的平台，正是我们举办学术论坛的目的。

参加本次论坛的海内外的专家学者，大多在教育、科研岗位上从事了多年的非物质文化遗产研究和实际的保护工作，为非物质文化遗产的保护做出了很大的贡献。非物质文化遗产保护工作可谓任重而道远。我相信，通过我们大家的努力，通过全社会的努力，我们一定会为中国的非物质文化遗产保护，为世界文化的多样性，为人类共同的繁荣与发展做出更多贡献。

("中国成都国际非物质文化遗产节·非物质文化遗产国际论坛"
2007年5月23日在成都举行)

在首届"中国西安鼓乐学术研讨会"开幕式上的致辞

由陕西省文化厅、中国艺术研究院共同举办的首届"中国西安鼓乐学术研讨会",今天在古都西安隆重举行。首先我谨代表中国艺术研究院,对本次学术研讨会的顺利召开,表示衷心的祝贺!向为学术研讨会筹备工作付出了心血的各位朋友们表示衷心的感谢!

中国西安鼓乐学术研讨会的召开是很及时、很有意义的。今年的春节期间,也就是元宵节的那一天,由文化部、国家发改委、教育部、国家民委、财政部、建设部、国家旅游局、国家宗教事务局、国家文物局等主办,中国艺术研究院、中国国家博物馆承办的"中国非物质文化遗产保护成果展"在中国国家博物馆隆重举行。在长达一个月的时间里,又正值"两会"期间,从中央领导、"两会"代表到普通百姓,观众达35万人次之多,展览非常成功,成为轰动一时的文化盛事。这次展览之所以有那么大的影响,受到那么广泛的关注,不仅在于这是中华人民共和国成立以来第一次举办的全面反映我国非物质文化遗产保护工作的大型展览,更在于它是我国非物质文化遗产保护工作深入开展的重要标志,因而有着深远的意义。

2001年成功申报昆曲为世界"人类口头和非物质遗产代表作"的时候,多数人还不知道什么是"人类口头和非物质遗产代表作",短短的几年,非物质文化遗产的保护已经成了热门话题,从领导到普通百姓,人们对非物质文化遗产保护的认识有了很大提高，这确实值得高兴。但我们必须清醒地看到，我们要做好非物质文化遗产的保护工作并不容易，由于市场经济的发展和经济全球化，由于非物质文化遗产的特性，以及我们以往对非物质文化遗产认识上的失误，使得目前我们面临着许多困难，甚至是难题。做好保护工作光有热情是不行的，重要的是要有科学的认识、科学的办法。如何在理论和实践的结合上处理好传统与现代的关系、保护与发展的关系、文化与经济的关系，都是我们做好非物质文化遗产保护工作的关键所在，这也正是我们举办学术研讨会的目的所在。我们只有真正搞清楚了为什么保护、保护什么、怎样保护的问题，我们的非物质文化遗产的保护工作才有保障。总之，非物质文化遗产的保护不是一日之功，而是任重道远。

陕西省委省政府及省文化厅对非物质文化遗产的保护高度重视。陕西省是文物大省，有着深厚的历史文化底蕴，不仅有震惊世界的秦始皇陵兵马俑，还有千百年来一直流传在长安古道的民间大型鼓乐。毫无疑问，西安鼓乐是我国古代音乐的重要遗存，它今天还能得以生存，这已经是一个奇迹了。当然，西安鼓乐与其他非物质文化遗产一样，濒临灭绝，亟待抢救。我们的研讨会既是研究西安鼓乐的会，也是研究如何保护西安鼓乐的会。我衷心地希望我们的研讨会能为西安鼓乐的保护提供更多的理论指导，也更希望西安鼓乐的抢救与保护能为全国的非物质文化遗产的保护起到示范作用。

中华文化是世界上唯一没有中断过自身文化传统的文化体系，中华文明5000多年，中华民族生生不息，我们从来没有失去自己的文化传统。祖先给我们留下的文化遗产，对我们来说不仅是历史的记忆，更是我们赖以生存的坚实基础，是我们的民族血脉和魂魄。因此，当我们奔向现代化的时候，千万不要忘记我们的文化传统，不要忘记回家的路，要守护住我们的精神家园。

最后预祝研讨会圆满成功！

（首届"中国西安鼓乐学术研讨会"于2006年4月26—29日在西安举行）

《忻州市非物质文化遗产图册》序

我原本对忻州不是很了解，只是在 2006 年 7 月去过一趟位于该市境内的佛教圣地五台山，并在市区的温泉度假村稍作逗留。根据多年养成的习惯，行前自然少不了要翻翻地图，看看资料。这一翻一看不要紧，我发现这是一块极具特色的土地。这里是中原农耕文明和北方草原文明的交汇处，是汾河、滹沱河、桑干河的源头，除五台山外这里还有雁门关、宁武关、偏头关、平型关等雄关。在中国近代史上留下辉煌篇章的晋绥、晋察冀两大抗日根据地亦创建于这里。这里曾诞生过元好问、白朴、傅山等文学大家，续范亭、徐向前、薄一波也是这方土地的儿女。因此，这里有形的文化遗产极为丰富，以被梁思成称为"第一国宝"的佛光寺为代表的"国保"单位就有 19 处之多。于是我就想，在这块文化传承源远流长、文化底蕴深广厚重的土地上，非物质文化遗产也一定相当可观。

事实也完全证实了我的判断。待到真正置身忻州，有关同志便向我介绍说，全市范围内民间文艺和民俗文化遗存丰富，民间文学、民间音乐、民间舞蹈、地方戏剧、民间美术、民间手工技艺、民间体育竞技、民间习俗等非物质文化遗产类别齐全，特色独具。历年来，全市已先后有 4 个县（区）分别被国家有关部门命名为"中国民间艺术（民歌）之乡"（河曲县）、"中国民间绘画之乡"（代县）、"中国民间艺术（剪纸）之乡"（静乐县）、"中国摔跤之乡"（忻府区）、"中国八音之乡"（忻府区）。一年一度的

《忻州市非物质文化遗产图册》序

五台山国际旅游月暨五台山佛教文化节、中国忻州摔跤节、河曲黄河文化节等文化盛会已创办多年，影响越来越大。此后我又得知，全国非物质文化遗产保护工作开展以来，忻州市已有11项和27项项目分别入选国家级和省级非物质文化遗产名录，列入市级非物质文化遗产名录的项目更是多达131项。忻州，堪称一块文化的厚土和热土！

如今呈现在读者面前的这本《忻州市非物质文化遗产图册》，就是全市非物质文化遗产重点项目的一次形象直观、图文并茂的集中展示。有人说当今是"读图时代"，"读图"的确有读图的便利和优势。读这些"图"，我们不但可以大体了解忻州全市非物质文化遗产的全貌——它的过去和现在、它的特色和风采、它的神韵和魅力，进而对忻州这方土地也有所知晓，而且能窥得忻州全市保护非物质文化遗产工作的概况。同时，面对一幅幅精美的图片，"读"的过程也是一次美的享受过程，既可享受图片的美，亦可感受各非物质文化遗产项目的美。当然，要想有更为详尽的了解，就非读"图"所能奏效，那就需要做深入的调查和认真的研究，而这本画册则可为有志于此的同志提供一条入门的途径和探寻的线索。

由此我还想到，要做好非物质文化遗产保护工作，各级政府要加大投入，业务部门要尽职尽责，政策措施要落实到位，传承人要充分发挥薪火相传的作用，但关键的关键，还是要确立这方面的理念。也就是说，要通过广泛、持久的宣传，最大限度地普及非物质文化遗产保护方面的知识，使每一位公民都树立起保护非物质文化遗产的意识，并最终化为广大群众，特别是当地群众的自觉行动。只有这样，非物质文化遗产保护工作才有可能落到实处，取得成效。正是从这个意义上讲，我觉得这本画册的编印是一件值得称道，也值得提倡的事情。因此我希望我们大家共同努力，多做一些此类"善事"，使更多的人进一步了解我们博大精深的民族文化，热爱我们终身相伴的这片土地，保护好我们赖以生存的精神家园。

我相信这也是编者和广大读者的愿望。

（《忻州市非物质文化遗产图册》由忻州市文化新闻出版局2009年11月印制）

春节符号的征集是件有意义的事情

春节符号的征集是一件有意义的事情，应该说是一件对传播中华文化有重大意义的事情。因为你们抓住了一个很好的题目，就是中国的春节；而且抓住了一个很好的形式，就是向全世界征集春节符号。我感到这个创意出得太好了。为什么呢？因为中国的春节不仅对中国人来讲，而且对全世界来讲，都是一个有影响的大节日。从我们个人来讲，一年到头，最期盼的日子就是过年；从世界方面来讲，中国的春节也极具特殊性。在全世界各个国家、各个民族，只有我们中国的春节和宗教没有关系，而形成了一个数十个民族、十几亿人共同过的一个节日，这有它的特殊性，这和中国的文化有密切的关系。

中国长期以来是一个以农业立足的国家，我们的春节就是年，和农业及农业的收成有着密切的关系。中国的春节又和祖先联系在一起，中国人最敬重的不是神仙，而是祖先。所以过年的时候，有几个真正带有符号的东西是什么呢？第一是辞旧迎新，新的一年到了，辞旧迎新；第二是祭祖；第三是祈福。把这几点联系起来，就是中国春节的一个基本的特色。辞旧迎新是从季节而来的，是从过年的根儿上来的。那么到今天为止，虽然我们离最初的那种祖先过年的想法已经很远了，但是这个东西没有变，每年过年，都叫辞旧迎新。再一个就是祭祖。我们小时候，大年三十晚上就开始祭祖，请神送神都和祖先有关系，是表示对祖先的敬重。再一个就是祈福，我们现在过年写得最多的就是"福"字，表现中国人的一种愿望和期盼——要幸福。我们中国人过年的时候最讲究吉祥吉利，不能打架，不能说不吉利的话，所以说中国的春节包含了非常丰富的中华文化，而且和中华民族的情感、民族性格联系得非常紧密。

对中国人来讲，最重要的是过年回家看看，因为过年寄托了中国人深深的感情。第一是亲情。中国人过年，亿万人大迁徙，这是世界上其他国家都没有的事情，这表现了亲情的力量，不管离家多远，不管多忙，大年三十晚上都要赶回家过年。有父母，有爷爷奶奶，要向老人表示敬奉。第二，春节对中国人来讲又是一种对传统文化的认同，对民族身份的认同。全世界任何地方，一到唐人街，就想起我是中国人。但是春节表现出来的民族情感更浓烈，所以那些年搞非物质文化遗产保护的时候，我们一些专家特别感受到节日对中华民族文化的传承、对中华民族的文化认同、对中华民族的团结和凝聚，起着巨大的作用，而在全部的节日中，春节起着核心作用。因此说春节是中国的第一大节日是没有错的，搞这个春节符号的征集活动确实意义重大。

现在时代发生了很大的变化，虽然我们还在过春节，但是不可否认，我们过春节的形式、内容都在发生不断的变化。尽管我们还在过年，但是我们现在过的年和我们小时候、和我们的祖先那个时候过的年已经有了很大的区别。我们的生活方式和生产方式发生变化了，所以我们的很多习俗也受到了影响，春节受到的影响可能最大。所以这个时候我们搞这样一个春节符号征集的活动，我觉得太有意义了。我甚至讲，一定要把这个活动搞好，要把征集春节符号的过程和结果看得一样重要。为什么我说要把过程看得和结果一样重要呢？因为征集的过程，就是我们宣传中华文化、保护中华文化、传承中华文化的一个重要过程。结果当然是我们所期待的，但是这个过程更有意义。在征集的过程当中，人们会有更多的积极性，会有更多的期待，而在这些期待当中，就把我们中华文化的很多内容传播和弘扬出去了。

因此我说，春节符号征集这个创意真是想得太好了。另外，这次活动还有一个很大的亮点，这就是面向全世界征集，这也是我事先没有想到的。我认为这个主意出得好，为什么呢，因为我们现在时代发生变化了，现在是全球化时代，世界联系得更紧密了，信息的联系便于文化的联系。凡是有华人的地方都要过年，而且随着我们中国不断发展强大，中华文化在世界上的影响也在不断扩大。我想有一天，我们的春节会像圣诞节一样，给全世界人民留下一个很深刻的印象。虽然我们的春节为中国老百姓所喜爱，但是在世界范围内还达不到圣诞节的影响程度。我们不是要传输文化，而是要弘扬我们的中华文化，使世界各国各族人民通过对我们春节的了解，加深对中华文化的了解，加深对中国人的了解，这样才能达到文化交流的目的。面向全世界征集春节符号，不仅影响华人，而且使更多的外国人加深对中华文化的了解，这件事情真的是很了不起。

我也在琢磨，什么是春节符号？我觉得点子是个好点子，主意是个好主意，同时我们又给自己出了个难题，真正搞一个集中的凝聚的符号，太难了。春节的内容太丰富了，习俗太多了，我们怎么找到这样一个符号，能够代表中国的春节。它必须要有四个基本特征：第一，必须是中国传统文化的；第二，必须是过年的；第三，必须和中国老百姓的许多重要民俗活动联系在一起，并能够得到大家认可的；第四，你既然在全世界征集，就要得到全世界的认可。这就需要在艺术的设计上、传播的形式上，包括一些设计的理念上，都要有一些创新的东西。

我们要保护和传承中华文化，其中有一点非常重要，就是要保护习俗。如果习俗没有了，你这个文化就没有了。围绕春节有很多很多习俗，如果这些习俗没有了，和这些习俗紧密相关的许多事情就没有了，相关的一些民族的文化也就没有依托了。我们要通过这样一些活动，把相关的一些习俗激活，这些激活的习俗也要和当今的生活相关，毕竟我们生活在一个新的时代。只有这样，才能使我们今天生活的人和历史、传统结合得更紧密，使我们更能意识到自己是一个中国人。所以我非常支持你们做这个春节符号征集活动，希望你们能搞得更好。

中国有56个民族，过春节时不仅汉族过，很多少数民族也过。受其影响，越南、韩国、日本等也过春节，但是过的形式有很大的差异。虽然他们表现的形式不同，但是他们本质上的东西却是相似的。

我们搞春节符号的时候，不必给它赋予一些新的理论性的东西，赋予给它的就是中国传统文化当中的吉祥、幸福、对祖先的敬仰、对后代的期望、对生活的向往，这些就够了。

如果找两个字来体现春节符号的话，我以为第一个是"年"字，第二个是"福"字。在中国节日中，春节是内涵最丰富的，这其中包含了好几个节，正月十五以里都是年。腊月里也有节，如腊八、小年、除夕，是从除夕开始叫过年。正月里的内容就更丰富了，主要是初一到初七，再一个就是闹元宵。有人说正月十五元宵节就是中国的狂欢节，为什么元宵节要大家热闹一场呢，就是要给年画一个圆满的句号。

中国春节在中华文化中占有相当的分量，而且这个影响极为广泛，没有一个节日能和中国春节的魅力和影响相比。一直到今天为止，再过1000年，中国人也不会丢掉春节，因为他和中国的亲情、情感联系得太紧密了。

我对咱们提出的中华文化"走出去"有着不同看法。它不是一个"走出去"的问题，文化本身的特性决定它是个交流交融的问题，"走出去"好像把我们的文化灌输给别人一样。我认为文化是相互交融的东西，是你中有我、我中有你的关系。你影响我，我影响你，有一个互相了解、认识、尊重、认可的问题，不是说我要"走出去"，要强加给你，它是个自然而然的形成过程。

对中国传统节日，我们可以研究一下西方圣诞节的做法。首先从年轻人开始，用中国的习俗吸引他，抓住其中最核心的内容，如"爱""和"这样的东西对他起作用，他就会产生感情，而不光是口头上的宣传。可以发挥每个地方唐人街、唐人区和唐人社团的作用。通过他们的作用，我们配合他们搞一些活动，可能比我们自己搞一些宣传活动效果要更好。

[原载《人民日报》（海外版）2014年8月30日第6版]

过年就是祈福
——寄语春节符号征集活动

在中华"春节符号"设计的图形中,将"春"与"福"两个字依托中国结的编织结合在一起,是很有文化意蕴的,非常符合中国人有关"春节"的理念。我们过春节,有两个汉字使用最多,一个是"年"字,另一个是"福"字。说得最多的是"年",写得最多的是"福"。为什么?就是因为这两个字最能表达中国人对春节的理解,最能表达中国人过春节的心情。我们的春节定在年终岁首,这是由上古农业的生产和生活规律决定的。在这个时候"过年",人们期盼着除旧迎新,期盼着纳福吉祥,这也就是中国"年"的核心内容。

对一般老百姓来说,说不出"年"有多深的文化内涵,甚至说不清"年"的来历,但人们年年盼着"过年"。盼过年,就是盼"福"。过年时家家门上都要贴上一个"福"字,不管"福"字是正着贴还是倒着贴(意为"福到了"),这就是老百姓过年最大的心愿。对人们来说,过年就是祈福。一个"福"充分表达了人们对美好生活的向往和祝愿。

当然,中国的"福"字讲究多了,尤其是过年时的祈福,更是包含着丰富的内容。过去讲"五福临门",是指福、禄、寿、喜、财。其实人们对"福"的期盼远多于这"五福"。物质上的满足,当然是幸福生活的一部分,但人们对"福"的期盼更是一种精神上的满足,正所谓衣食是福,平安也是福，吉祥和谐更是福。

（这是为"中华'春节符号'征集活动"写的寄语。"中华'春节符号'征集活动"由中国对外文化交流协会、中华炎黄文化研究会等主办，于2014年1月19日正式启动，2015年2月11日在北京人民大会堂举行了发布仪式）

"第二届中国古琴艺术节"开幕词

  由中国艺术研究院中国非物质文化遗产保护中心、江苏省文化厅、常熟市人民政府联合主办的"第二届中国古琴艺术节",今天在"古琴之乡"常熟市隆重开幕。在此我谨代表中国艺术研究院中国非物质文化遗产保护中心,向来自全国各地的琴家、学者、朋友们表示热烈欢迎和衷心的感谢!对"第二届中国古琴艺术节"的举办表示热烈的祝贺!

  一提到古琴,人们就会想到"琴棋书画""高山""流水""知音"这样的词语。古琴艺术是中国文化史上历史最久且绵延不断的器乐艺术形式,它体现的人文精神已远远超出音乐艺术的范围,成为中国古代精英文化的典型代表,对中国古代文化产生了深远影响。纵观中国艺术史,乃至世界艺术史,还没有一种器乐艺术,能像古琴艺术那样具有如此博大精深的文化内涵。

  20世纪50年代以来,中国艺术研究院就一直致力于古琴艺术的研究与保护,杨荫浏、查阜西、管平湖等老一代学者和琴家,以卓越的学术远见,着手于一系列意义重大的工作:普查琴人分布、收购琴器琴谱、组织雅集、采录音响、编纂琴学文献,等等。这些工作都是20世纪琴史中的重要事件,成为抢救和保护古琴艺术的重大举措。2003年11月,由中国艺术研究院申报的古琴艺术成功入选联合国教科文组织公布的第二批"人类口头和非物质遗产代表作名录",这对古琴艺术的保护、传承及其在世界的影响无疑具有里程碑的意义。

举办中国古琴艺术节是我国第四个"文化遗产日"系列活动的组成部分。从2006年第一个"文化遗产日"开始，每年中国艺术研究院中国非物质文化遗产保护中心都举办"古琴艺术进大学"系列活动。目前，"古琴艺术进大学"活动已在北京、上海、西安、广州、常熟、香港、澳门等地几十所高校举办过，我们的目的就是要唤起青年一代对文化遗产的保护意识，让他们通过古琴艺术与中华民族传统文化产生"和鸣"，成为传承中国人文精神和保护非物质文化遗产的"知音"。今天，琴家们再一次把这种努力带到了"琴川"——常熟。

常熟是一座具有1700多年建城史的名城，自唐宋以来一直是古琴演奏、研究的重要地区。明万历年间，严天池在家乡常熟创建了对后世琴乐具有重要影响的虞山琴派，并以其"博大和平、清微淡远"的琴风和杰出的理论建树，影响了国内众多琴派及周边国家古琴艺术的发展。当代著名琴家、常熟人吴景略进一步发展虞山琴派，培养了大批古琴专业人才，在古琴艺术领域产生了巨大而深远的影响。

2004年5月4日，常熟市被联合国国际民间艺术节组织授予"古琴之乡"称号。2007年5月，中国艺术研究院中国非物质文化遗产保护中心，与江苏省文化厅、常熟市人民政府联合主办了"首届中国古琴艺术节"。今天，全国各地的琴家、学者再一次齐聚常熟，研讨与古琴相关的理论问题，为古琴艺术发展献言献策。这一方面是我国政府践行古琴艺术保护行动计划的举措，另一方面也为广大民众进一步了解、认识古琴艺术提供了广阔的平台。相信通过大家的不懈努力，古琴艺术将得到社会各界的更多关注和热爱，传统的古琴艺术一定会在现代化生活的今天得到更好的保护和传承。

最后，预祝"第二届中国古琴艺术节"圆满成功！

（"第二届中国古琴艺术节"开幕式于2009年5月27日在常熟举行）

在"第三届中国廊桥国际学术（屏南）研讨会"开幕式上的致辞

由中国艺术研究院中国非物质文化遗产保护中心、南京大学、上海交通大学、福建省文化厅、宁德市人民政府共同主办，福建省文物局、宁德市文化与出版局、屏南县人民政府联合承办的"第三届中国廊桥国际学术（屏南）研讨会"今天在这里隆重开幕，同时，举行"中国木拱桥传统营造技艺"成功入选联合国教科文组织"急需保护的非物质文化遗产名录"庆典仪式。这两件事是福建省，也是宁德市、屏南县的盛事。在此，我谨代表中国艺术研究院中国非物质文化遗产保护中心和与会的国内外学者，对福建省文物局、宁德市文化与出版局和屏南县人民政府为筹备此次国际研讨会所做的工作表示衷心的感谢，对"中国木拱桥传统营造技艺"成功入选"急需保护的非物质文化遗产名录"表示热烈的祝贺！

适逢我们伟大祖国60华诞之际，从阿联酋首都阿布扎比传来喜讯，在联合国教科文组织保护非物质文化遗产政府间委员会第四次会议上，审议批准了2009年"人类非物质文化遗产代表作名录"和"急需保护的非物质文化遗产名录"。我国有22个项目被列入"人类非物质文化遗产代表作名录"，3个项目被列入"急需保护的非物质文化遗产名录"，是此次入选项目最多的国家，也是目前拥有两个名录项目数量最多的国家。这标志着中国非物质文化遗产保护工作得到了国际社会的认可。在欢庆国庆的时候,这个消息令国人备感振奋。

屏南是我国著名的"桥梁之乡",全县保存有56座古代廊桥,其中有13座是木拱廊桥,是全国现存木拱廊桥最多的地区之一。本地的万安桥是现存全国最长的木拱廊桥。福建省宁德市和屏南县有关部门在廊桥的保护方面做了大量工作。尤其是在廊桥"申遗"工作上,他们更是做出了积极努力。此次"中国木拱桥传统营造技艺"申报"急需保护的非物质文化遗产名录",福建省文化厅、宁德市文化与出版局、屏南县人民政府和屏南县文体局同我们的专家一起,从申报文本、申报片的制作与修改,进行艰辛但也愉快的工作。"中国木拱桥传统营造技艺"能够成功入选联合国教科文组织"急需保护的非物质文化遗产名录",他们功不可没。

当然,这也离不开闽北浙南地区有关市县的鼎力协助。木拱桥及木拱桥传统营造技艺是闽北浙南地区人民集体智慧的结晶,是他们共同的文化遗产。他们共同承担着保护、传承这一文化遗产的历史使命。两省在多年团结协作开展廊桥保护的过程中,已经形成了有效的合作机制。

廊桥"申遗"一直为廊桥研究者和保护者所关注。此次"中国木拱桥传统营造技艺"被列入联合国教科文组织"急需保护的非物质文化遗产名录",对木拱廊桥的保护来说,既是一个阶段性成果,又是一个新的开端。成功入选"急需保护的非物质文化遗产名录"之后,如何进行保护?这是我们现阶段,也是此次研讨会应该重点探讨的核心问题。"申遗"过程本身就是一个宣传和保护的过程。"申遗"成功意味着开启了保护之路的新征程,为我们实施更具体、可行的保护提供了契机。"急需保护的非物质文化遗产"是一个意味深长的名称,其核心在于"急"。"中国木拱桥传统营造技艺"流传千年,在闽浙一带留下了诸多建筑技艺精湛、历史悠久的木拱廊桥。如今,随着时代变迁、环境和人们生活方式的改变,该技艺的实践空间受到严重挤压,人们对待这一传统技艺及其载体的情感逐渐淡漠,眼见掌握该技艺的传承人年事已高,而后继者却寥寥无几,其传承前景实在堪忧,加强对该技艺的抢救保护刻不容缓。这是我们入选"急需保护的非物质文化遗产名录"之后所承担的责任,也是我们对国际社会的承诺!

  无论是木拱廊桥的修复与保护,还是木拱桥传统营造技艺的传承与发展,都是一个系统的工程,需要不同部门、学科之间的协作。应建立协调有效的合作体系,加强各有关地区的合作、各部门之间的合作,形成对话协商机制。要充分发挥专家学者的积极作用,加强与高等院校和科研机构的合作,为实施保护规划等工作提供智力支持和学术指导。最重要的也是联合国教科文组织和《保护非物质文化遗产公约》倡导的,是要调动社区民众参与保护文化遗产的积极性,提高民众的文化自觉,营造全社会共同参与保护与传承的良好社会环境氛围。

  "第三届中国廊桥国际学术(屏南)研讨会"是高水准的国际性学术会议,来自全世界的廊桥保护研究专家与学者会聚一堂,共同探讨中国廊桥和木拱桥传统营造技艺的保护与传承。在此,我衷心预祝本次学术研讨会取得圆满成功!并再次热烈祝贺"中国木拱桥传统营造技艺"入选联合国教科文组织"急需保护的非物质文化遗产名录"。

["第三届中国廊桥国际学术(屏南)研讨会"
于 2009 年 10 月 16 日在福建屏南举行]

在"首届阿依特斯全国学术研讨会"上的致辞

在新疆维吾尔自治区党委和自治区人民政府的关心和支持下，自治区第三届阿肯阿依特斯大会及阿依特斯全国学术研讨会顺利举行。昨天的阿肯阿依特斯大会充满了欢乐祥和的气氛，是一次令人振奋的民族盛会，给我们留下了极其深刻的印象。今天我们又在这里，与来自全国各地的专家学者们聚集在一起，就"哈萨克族阿依特斯的文化价值和保护利用"进行学术研讨，这都是值得庆贺的。在此，我谨代表中国艺术研究院中国非物质文化遗产保护中心，对自治区第三届阿肯阿依特斯大会及阿依特斯全国学术研讨会的举办，表示热烈的祝贺。

阿依特斯是世代哈萨克族人民杰出的创造和智慧的结晶，是深受哈萨克族人民喜爱的艺术瑰宝。无论是对哈萨克族来讲，还是对整个中华民族来讲，阿依特斯都具有极其宝贵的历史文化价值。内容丰富、影响力大的口头文学艺术形式——阿依特斯，的确是全面反映哈萨克族人民生活的"一面镜子"和"百科全书"。

自治区党委和自治区人民政府一直非常重视对阿依特斯的研究和保护，阿依特斯不仅已被列入国务院公布的第一批"国家级非物质文化遗产名录"，而且自治区有关部门正积极筹备申报联合国教科文组织人类非物质文化遗产代表作。我认为这都是保护阿依特斯的重要举措。对申报人类非物质文化遗产代表作，我本人是积极支持的，并希望通过申报进一步推动对阿依特斯的保护工作。

近几年来，我国的非物质文化遗产保护工作取得了显著的成就，这不仅体现在我们设立了"国家级非物质文化遗产名录"、确认了国家级非物质文化遗产项目代表性传承人、建立了文化生态保护实验区等，更体现在人们对非物质文化遗产保护意识的提高。以一种文化的自觉保护我们的文化遗产，这种保护更具有理性。特别是在今天，现代化发展进程加快，经济全球一体化，既推动了经济和社会发展，又给文化传统和文化遗产带来了威胁和破坏。在这种背景下，我们只有正确地认识文化遗产的价值及其自身的发展规律，正确处理好保护与利用的关系，遵循原真性、整体性和活态性原则，才能真正保护好我们的文化遗产。因此，在非物质文化遗产保护中，学者的参与、学术研究的深入都是十分重要的。

前几天，我们刚刚度过了我国第五个"文化遗产日"。今年的文化遗产日主题是"文化遗产，在我身边"。这个主题非常重要。我始终认为，我们要保护的非物质文化遗产，不管它多么珍贵，都要与老百姓的生活密切相关，都要为老百姓喜闻乐见，否则就保护不好。就像阿依特斯一样，广大的哈萨克族人民是它的实践者和持有者，是保护阿依特斯的主体，哈萨克族民众的喜爱和积极参与是推动保护的最大动力。当然，"文化遗产，在我身边"，它在提醒我们每个人不只是文化遗产的欣赏者，还是文化遗产的保护者，我们每一个人对祖先留给我们的遗产都负有不可推卸的保护责任。

我相信，在自治区党委和自治区人民政府的关心和支持下，在各个方面的关心和支持下，阿依特斯一定会得到更好的保护与发展。我衷心地希望本次研讨会能取得更多的学术收获，为弘扬哈萨克族阿依特斯这一优秀的传统文化艺术、丰富哈萨克族人们的文化生活，为新疆各民族的和谐团结，为推动新疆文化建设的大发展大繁荣，为实现新疆跨越式发展，做出我们积极的贡献。

最后祝本次阿依特斯全国学术研讨会圆满成功！

（"首届阿依特斯全国学术研讨会"于 2010 年 6 月 20 日在新疆维吾尔自治区阜康市举行）

在"古典之美 —— 古本昆剧《红楼梦传奇》学术研讨会"上的致辞

非常高兴参加今天的研讨会，首先我谨代表中国红楼梦学会向苏州昆剧传习所的朋友们表示衷心的感谢，感谢你们昨天晚上的精彩演出。而能把苏州昆剧传习所的朋友请到北京演出乾嘉古本昆剧《红楼梦传奇》，要感谢田青先生，是田青先生和中国昆曲古琴研究会把苏州昆剧传习所的朋友们请来的。当然事先我们俩商量过，我是积极推荐的。还要感谢两个人，一个是中央美术学院董梅副教授，另一个是我的学生石中琪，他们为促成乾嘉古本昆剧《红楼梦传奇》到北京演出，做了很多工作。刚才田青先生做了精彩的致辞，现在主持人让我也说几句，我有些压力了，因为我对昆剧实在是没有研究，看得也少，所以不知道该讲什么好。但这又是关于乾嘉古本昆剧《红楼梦传奇》的学术研讨会，来了不讲几句又不好，只好勉为其难，讲几句外行话，以表示对乾嘉古本昆剧《红楼梦传奇》演出的支持。

昨天晚上，我们在恭王府大戏楼古老的戏台上，欣赏了由顾笃璜老先生任艺术总监的、由苏州昆剧传习所演出的乾嘉古本昆剧《红楼梦传奇》，虽然只有四折，但我们已经深深地感受到久违的那种昆曲之美。值此我们国家第十四个文化与自然遗产日之际，这个古老的昆剧能在北京演出，具有非同寻常的意义。这里有几个时间概念极为重要：（1）仲振奎的《红楼梦传奇》，初创作于乾隆五十七年（1792），这个时间对研究《红楼梦》的人来说太熟悉了，因为在《红楼梦》传播史上这是一个具有里程碑意义的时间点。前一年程甲本《红楼梦》刚刚刊行，而程乙本正是在这一年刊行的，从此《红楼梦》结束了抄本流传的阶段，而进入刻本的时代。这是《红楼梦》传播史上具有历史意义的事件。而就在这个时候，仲振奎创作改编《红楼梦》"葬花"，虽仅有一折，但无疑是第一个《红楼梦》昆剧剧本，距今已有227年。（2）这个古老的昆剧本子第一次在扬州演出是嘉庆四年（1799），距今整整220年了。（3）据有关专家研究，道光十七年（1837）四喜班昆旦名伶钱双寿（字眉仙）曾在北京演出过仲振奎本的《葬花》，誉满京城，至今也已经有180多年了。也就是说，我们昨天晚上在恭王府的演出距第一次在北京演出仲振奎的《葬花》有180年之久。（4）据说，仲振奎乾嘉古本昆剧《红楼梦传奇》已经在舞台上失传100多年了，只是近年来在顾笃璜老先生和苏州昆剧传习所的坚持下，才重新回到舞台上。我想这几个数字已经告诉我们这次乾嘉古本昆剧《红楼梦传奇》演出有多么不容易，有多么重要，其意义是不言而喻的。

2001年5月18日，联合国教科文组织公布中国的昆曲为"人类口头和非物质遗产代表作"，从而开启了中国非物质文化遗产保护的历程。昆曲的"申遗"成功对唤醒国人保护昆曲的意识，起到了积极的推动作用。这些年来，我国在昆曲保护工作中取得的成就都与昆曲"申遗"有着密切的关系。但与此同时也带来了一些问题：如何抢救濒危的古老昆曲？如何看待昆曲新编？如何看待青春版《牡丹亭》的文化现象？等等。

我以为此次在北京演出乾嘉古本昆剧《红楼梦传奇》，其意义主要在于：（1）重现古剧面貌、古曲本色，让今人真正认识昆曲之美；（2）重新唤醒人们对"保护什么？怎样保护？"的理论认识，让人们真正认识到对昆曲而言，抢救仍然是第一位的任务，尤其是古老昆曲剧本的整理和复排古老的剧目。对顾笃璜老先生和苏州昆剧传习所的坚守和执着，我们应该致以崇高的敬意，应该对他们复排乾嘉古本昆剧《红楼梦传奇》给予积极支持。无论是从政策上还是经费上都要有实实在在的支持，使古本昆曲的复排得到保障。我认为，应该把对古老昆曲剧本的整理及复排列入国家保护规划中，要有一些艺术家、学者，他们的主要任务就是一心一意地去保护古老的昆剧，使之不会消失。这可能是我的一厢情愿，但确实是我现在的观点。

昆曲是最美的艺术，是高雅精致的艺术，是最能体现中华民族精神的艺术。昆曲具有典雅绮丽、轻灵曼妙的艺术特色，这包括文学脚本、音乐声腔、度曲歌唱、身段表演等，都体现出中华民族高雅文化的审美情趣，而昆曲的艺术特色也就是昆曲的艺术生命所在。我们今天就是要保护这样的昆曲，无论是"新编"还是"创新"都不能丢掉昆曲的这种本真和美感。

再一次对乾嘉古本昆剧《红楼梦传奇》的演出成功表示衷心的祝贺！

（"古典之美——古本昆剧《红楼梦传奇》学术研讨会"
于2019年6月2日在中国艺术研究院举行）

中国非物质文化遗产清醒而坚定的守护者
——谈谈我所知道的田青先生

文化艺术出版社王红同志告诉我，明年田青先生就70岁了，想出一本祝贺的集子，希望我能写一写田青先生。她知道我和田青先生的关系，也知道我一定会写这篇文章的。的确，田青先生是我最敬佩的同事、最好的朋友，无论于公于私，我都应该写一写我所知道的田青先生，田青也值得写，有的写。

我和田青先生是中国艺术研究院的同事，1979年7月我调到中国艺术研究院红楼梦研究所工作，田青先生是1981年考上了中国艺术研究院研究生部的研究生，师从杨荫浏先生，是杨荫浏先生的关门弟子。他是1984年毕业后留在中国艺术研究院音乐研究所工作。说起来我们同事30多年了，但我们认识并成为好朋友，却是近十几年的事，是非遗把我们俩拴在了一起，也因非遗而结下了深厚的友谊。

说起中国非物质文化遗产保护工作，不能不提田青先生。记得国家非物质文化遗产保护工作专家委员会委员、中央民族大学教授祁庆富先生曾对我说，如果写中国的非物质文化遗产保护史，田青是应该进入史册的人物。的确，田青先生对我国非物质文化遗产保护做出了突出贡献，他是有资格进入史册的。

我国推动非物质文化遗产保护工作，是从2001年向联合国教科文组织申报"人类口头和非物质遗产代表作"开始的,那一年我们国家申报的是昆曲艺术。但实际上,那个时候我们国家向联合国教科文组织申报昆曲艺术为人类口头和非物质遗产代表作,还只是少数人参与的事情,多数人对什么叫人类口头和非物质遗产代表作,为什么去保护人类口头和非物质遗产代表作,可以说一无所知。说一句开玩笑的话,那个时候谁能把"人类口头和非物质遗产代表作"这个词完整准确地说出来,就已经很了不起了。我国真正对人类口头和非物质遗产代表作保护有了比较自觉的意识,则是从2003年申报古琴艺术为第二批人类口头和非物质遗产代表作开始的,而田青先生正是在向联合国教科文组织申报古琴艺术为人类口头和非物质遗产代表作的工作中大显身手,成为申报古琴艺术的功臣。

2003年我国申报古琴艺术为第二批人类口头和非物质遗产代表作时,开始由于经验不足等原因,申报文本和申报片不是很理想,特别是申报片不能令人满意,而这10分钟的申报片制作得怎么样,对申报结果至关重要。这个时候距离向联合国教科文组织递交申报材料的最后期限只有七八天了,我记得那天晚上,中国艺术研究院召集相关人员连夜开会,研究怎样修改申报文本,特别是修改申报片。在关键时刻田青先生站了出来,不仅承担起主要负责人的任务,还当场与中央电视台的朋友联系制作申报片的工作间,因为在当时非常紧迫的情况下,只有到中央电视台修改申报片才最有把握。第二天,田先生就带着几位专家去了中央电视台,我记得还有一位外国专家和田青先生他们一起去的,他是专门负责翻译和配音的。我当时在院里分管"申遗"工作,由于进中央电视台制作间有人数限制,而我又不懂古琴艺术,我只能守在中央电视台的外面,给在里面的专家们送面包、方便面、矿泉水等吃的喝的。田青先生带着这几位专家,进了中央电视台两天多没有出来。据后来田青先生和我说,这两天两夜多的时间里,几位专家几乎没有合过眼,终于比较满意地完成了中文版和英文版申报片的制作。今天我们看到的古琴艺术那10分钟的申报片,就是田青先生和其他几位专家的心血结晶。这件事让我对这位老哥刮目相看,肃然起敬。作为一位著名的专家学者,他不仅有着令人敬佩的学问,更有着令人敬佩的工作精神，这样对非物质文化遗产保护的执着和痴情，不能不令人敬佩。

在我国非物质文化遗产保护史上，真正具有里程碑意义的大事，则是2006年2月12日，在中国国家博物馆举办的"中国非物质文化遗产保护成果展"，田青就是这次展览的主要策划人。和三年前申报古琴艺术的情况一样，这一次田青先生又是扮演了"救火者"的角色。由于这是第一次举办全国性的非物质文化遗产大展，无论是从展览规模还是展览内容，都是以往从没有过的，怎么搞，大家都没有经验，心里都没有数，因而筹备工作开始很不顺利。眼看着还有不到三个月就要开展了，但大展工作还是没有个头绪，这时文化部和中国艺术研究院负责非遗工作的领导当即决定，由田青先生负责展览的全面工作。田青先生又一次站了出来，我当时真是为田青先生担心，这么短的时间里，这么大规模的展览，田青能搞好吗？田青就是田青，他总是能干出令人吃惊的事情来。那些天田青先生几乎就在中国国家博物馆的展览大厅里过上日子了，累得不行，就和衣躺在地上休息一会儿，这时也顾不上他那件据说是外国料子做的大衣了。2006年2月12日上午展览开幕式时，田青先生担心观众来的人少，场面不好看，还联系北京武警部队来了不少战士，谁知展览还没有开幕，国博门前就已经是人山人海了，我竟然第一批没能挤进展览场地。这次大展取得了巨大的成功，正是这次大展比较全面地向广大观众展示了丰富多彩的非物质文化遗产，对广大观众特别是有关领导进行了一次生动而深刻的非物质文化遗产保护教育。正是这一年，中国有了一个新的节日——"文化遗产日"；也就在这一年，"原生态""非物质"进入了最热门的词语行列。从这次大展开始，中国的非物质文化遗产保护工作进入了一个非同寻常的发展时期。田青先生对我国非物质文化遗产保护工作的贡献真是应该载入史册的。

2006年8月25日，中编办批示"中国非物质文化遗产保护中心"挂牌，王文章任主任，我任常务副主任，田青任副主任。田青先生是中国非物质文化遗产保护中心实际上的负责人，我不过是作为院里分管领导挂一个"常务"而已,田青先生才是真正的"常务"。从那以后,我们俩的关系更亲密了,几乎天天都要碰一次工作。

一天,田青先生到我的办公室,聊起来的时候,他说有点感冒,感觉不舒服。第二天田青先生又来我的办公室,我问起田青先生感冒好一些吗?他说还是不舒服。第三天在我的办公室研究工作,田先生随口说了一句:"我怎么看见油腻的就恶心呢?"这句话引起我的警惕,我看他的脸色确实不怎么好,就赶紧对他说:"田先生,你这不像是感冒,不是胆有问题,就是肝有问题,下午赶紧去医院看看吧。"这时已经到中午了,我们俩住一个楼,就一起回家吃午饭,到了楼下,借着太阳光我才看清楚田先生的脸色黄黄的,不是一般的黄,我大吃一惊,就让他下午一定要去医院检查。结果田先生是第二天去的医院,得的是急性肝炎,转氨酶高得惊人,连医生都吃惊地说,一般人转氨酶这样高,很容易出现肝昏迷,有生命危险的,你怎么还能正常工作,还能坚持这么长的时间不到医院来呢?田青真是不幸,得了这样倒霉的病,他是累的。田青又是万幸的,遇到了好医生,几个月就痊愈了。田青如此重病还能坚持工作,又神奇地转危为安,真是奇了。田青就是一个神奇的人。

说起田青,有两个词与他息息相关:"原生态""非物质"。我曾开玩笑说,田青先生有三个名字:"田青、原生态、非物质"。"田青"是爹妈给起的,而"原生态""非物质"则是因为他在中国非物质文化遗产保护工作中的地位和作用而自然而然与田青的名字联系在一起的。许多朋友听到我说田青先生有三个名字的玩笑,都纷纷点赞,认为把这三个名字给田青先生真是再合适不过了,这无疑是对田青先生在中国非物质文化遗产保护工作中做出突出贡献的充分肯定。

在那些年,年年都有许多非物质文化遗产保护工作和大量的活动,特别是每年的文化遗产日,必定要搞非物质文化遗产展览、演出,还要举办学术研讨。但在我国的非物质文化遗产保护工作中,有两次重要的非遗展演活动是不能不提的,一次是2007年4月在巴黎联合国教科文组织总部举办的中国非物质文化遗产展演活动,另一次是2009年11月在台湾举办的"守望精神家园——第一届两岸非物质文化遗产月"活动。这两次活动田青先生都是总策划和艺术总监,是实际上的第一负责人。

2007年4月在巴黎联合国教科文组织总部举办中国非物质文化遗产展演,无疑是一件在中国非物质文化遗产保护史上具有里程碑意义的大事,这不仅是第一次把中国非物质文化遗产及其保护成就在联合国教科文组织的舞台上向全世界生动展示,也是联合国教科文组织有史以来第一次邀请一个国家在其总部举办非物质文化遗产展演活动,而在筹备这次活动中,田青与爱丽丝也演绎了一段美妙的故事。

爱丽丝是联合国教科文组织公共关系与文化活动处处长,是联合国教科文组织中一个十分重要的人物。我们要在联合国教科文组织总部举办非物质文化遗产展演活动,必须经过她的批准。原来以为爱丽丝不是很好说话,谈展演的事情不一定很顺利,毕竟联合国教科文组织还没有允许给一个国家举办这样的展演活动。2007年1月7日,爱丽丝女士访问中国艺术研究院,不想她与田青先生一见如故,因而我们谈展演的事非常顺利。说不清楚爱丽丝女士为什么对田青先生是那样敬佩,甚至是有点崇拜了。我也搞不清楚田青先生凭什么吸引着爱丽丝女士。中午我和田青先生请爱丽丝女士一行吃饭,爱丽丝眼中只有田青一个人,两个人谈起来没完没了,其实爱丽丝说法语,田青是一句也听不懂。田青说中国话,爱丽丝自然也是什么也听不明白。两个"老外"彼此谁也听不懂说的是什么,也不知他俩为什么还聊得那么热烈。在饭桌上,爱丽丝女士一再邀请田青先生尽快去巴黎访问,这时我对爱丽丝女士说:"尊敬的女士,今天是我请客,你怎么光和田青先生说话呢?你怎么只邀请田青先生去巴黎,为什么不邀请我这个请客的主人去巴黎呢?这不合适吧?"爱丽丝听后大笑,说:"也请你去,请你去巴黎写一本巴黎版的《红楼梦》。"她知道我是研究《红楼梦》的,说完大家一起笑起来。正是因为田青先生与爱丽丝这一段莫名其妙的美妙故事,我们去巴黎联合国教科文组织总部展演活动非常顺利,爱丽丝对中国非常友好,不仅热情帮助我们,甚至连展览演出的场地费也全免了,一大笔钱呢!据说在联合国教科文组织总部举办展演活动还从没有过这样的照顾。

爱丽丝女士是2007年1月7日访问中国艺术研究院的，田青先生1月14日就去巴黎考察，1月18日又从巴黎回来，可谓来去匆匆，时差还没有倒过来，就回来了，真是辛苦了老哥。

这次展演活动于2007年4月16日举行，当天下午举行展览的开幕式，晚上在联合国教科文组织总部礼堂演出，在这种场合当然是田青主持，在田青先生导演和主持下，整个演出可谓精彩纷呈。第一个节目泉州南音《枫桥夜泊》，真是雅致，无论手板的效果，还是唱腔的优雅，都令人赞叹不已，南音开了个好头，场上掌声热烈。第二个节目是李怀秀、李怀福姐弟俩的彝族海菜腔《金鸟银鸟飞起来》，姐弟俩的声音震撼了全场，特别是姐姐的嗓音真是又高又长，场上几次响起热烈的掌声。第三个节目是侗族大歌《蝉歌》，9个可爱的小女孩，伴随着满身饰物哗啦哗啦的声音走上了场，一下子就吸引了全场观众的眼光。9个孩子个个可爱，最小的只有8岁，最大的也只有15岁，9个孩子天籁般的声音把演出推向了高潮。第四个节目是李祥霆先生的古琴《流水》，他那把琴是唐琴，距今已有1200年的历史了。李先生古朴的做派和典雅的演奏浑然一体，妙不可言。第五个节目是昆曲《牡丹亭·惊梦》，真是太漂亮了，曲调的优美典雅，表演的美轮美奂，无法用言语表达。沈丰英扮演的杜丽娘戏都在身段上，俞玖林扮演的柳梦梅唱腔太好了，扮相又漂亮。第六个节目是马向华的二胡《二泉映月》，马向华在技巧上是没说的，那种如泣如诉的琴声令人感动感叹。第七个节目是泉州的提线木偶《元宵乐》，这是当天晚上演出的第二个高潮，太精彩了，全场的情绪都被调动起来了，人们兴奋的情景令我们这些中国人都激动了。第八个节目是蒙古族长调民歌《初升的太阳》和呼麦，也很好，长调的悠扬和热烈，呼麦的浑厚和神秘，都令人震撼。第九个节目是新疆维吾尔木卡姆艺术《纳瓦木卡姆》和《刀郎木卡姆》，这是当天演出的第三个高潮，也是最后的高潮，尤其是新疆喀什地区的两个老农民，都是70多岁，最大的年龄已经78岁了，哎呀，跳得太棒了，个子矮的那位老先生是全部演员中年纪最大的人，可是跳起来像年轻人一样，浑身都是艺术，味道浓得很。人们一遍一遍的掌声表达了大家对他们的赞赏和感叹。整场演出成功了，虽然没有什么舞台布置（场地条件不允许），但演出丝毫没有受到影响。演出结束，全场的情绪也达到了最高潮。田青先生的主持无疑是那天演出最重要、最精彩的部分，他的精彩主持与精彩的表演融为一体，浑然天成。我们每一个参加工作的人员都非常高兴。教育部章新胜副部长激动地说，看了这场演出，对发达国家来说是个震撼，对发展中的国家来说是个鼓励。联合国教科文组织分管文化的副总干事也说，你们不是要申请成立亚太中心吗，看了这场演出没有人会反对了，都会同意你们的申请。联合国教科文组织公共关系与文化活动处处长爱丽丝女士无疑是当天晚上最高兴的人之一，周和平副部长开玩笑说："爱丽丝女士，你与田青先生的故事我都听说了。"爱丽丝展开双臂，夸张地说："啊，我们像举办了婚礼一样。"她自豪地说，我和他合作了三个月，演出展览都是非常成功的。此时此刻爱丽丝女士的喜悦溢于言表，她的真诚、热烈和对中国的友好也感动了在场的每一位中国人。我们永远不能忘记这位热情地帮助我们的爱丽丝女士。

在这场演出中，还有一个小插曲，当田青先生介绍二胡曲《二泉映月》时，他说当年著名的指挥家小泽征尔在北京听到这首二胡曲的时候，激动地说，听这样的音乐要跪下听。那天给田青先生翻译的是在巴黎留学的来自武汉大学的女博士，据中国驻法国大使馆的同志介绍说她的法语特别棒。当她把田青先生的一番话翻译以后，场上的掌声格外热烈。演出结束后，我问她你是怎么翻译的，场上为什么掌声那么热烈呢？她说法国人没有跪下的习惯，就是跪也是单腿跪，所以你如果翻译成跪下去听这首乐曲，他们未必能准确地理解跪下去是什么意思。我翻译的话是：著名指挥家小泽征尔在北京听到这首乐曲，激动地说，听这样的音乐要怀着对宗教崇拜的虔诚心情去听。这样法国人才会明白这首乐曲真是了不起，当他们怀着这样的虔诚心情去听《二泉映月》，自然就会产生心灵的共鸣。是啊，对中华民族优秀的文化遗产，我们每一个炎黄子孙更应该以一种崇敬和敬畏之心来保护、来传承、来弘扬。

2006年国博展览时，田青先生辛苦了3个月，献出了一台里程碑式的全国第一次非物质文化遗产大展。这一次又是辛苦了3个月，向全世界展示了一台精彩纷呈的非物质文化遗产展演，这不是谁都能做到的。这一切无不凝聚着田青先生的心血，特别是所有演出的节目都是他精心挑选确定的。正是这次巴黎之行及成功展演，进一步促成了联合国教科文组织亚太中心在我国落地。

　　2009年11月到台湾举办非遗展演，又是一件在海峡两岸文化交流中具有里程碑意义的盛事。"守望精神家园——第一届两岸非物质文化遗产月"活动，包括三部分内容：（一）"国风——中华非物质文化遗产专场晚会"；（二）"根与魂——中华非物质文化遗产大展"；（三）"保护·传承·弘扬——两岸非物质文化遗产论坛"。这三项大活动也都是在田青先生主持下策划落实的。那个时候真是不知道累，这么多的事情，谁也没有打退堂鼓。那时分管非遗工作的部领导周和平副部长说，有事交给国家非遗中心，给他们两天时间就够了，这当然是开玩笑的话，但那时搞非遗工作确实有着一股不顾一切的干劲，尤其是田青先生。谁能想到，这样一位头上顶着光环的大专家、大学者，能这样玩命地干具体工作呢？记得赴台举办"国风——中华非物质文化遗产专场晚会"，我和田青先生带队，154人的团队，演员就有140多人，其中大部分都是民间艺人，来自8个民族，其中昆曲、古琴艺术、新疆维吾尔木卡姆艺术、蒙古族长调民歌、呼麦、侗族大歌、朝鲜族农乐舞等都是联合国教科文组织公布入选"人类非物质文化遗产代表作名录"的，田青是艺术总监，在他的精心策划下，演出、展览和论坛都非常成功，在台湾引起强烈的共鸣，让台湾民众充分领略了中华文化瑰宝的魅力。记得在台北市中山堂演出结束后，全场起立热烈鼓掌很长时间。一位台湾的摄影家激动地说："我们中国文化真是了不起。"还有一位朋友说："看了这样的演出，总想流泪，因为这是我们祖先留给我们的文化遗产。"这次展演活动，历时一个多月，田青带着团队从台北市走到台中市，这是海峡两岸恢复往来20多年来，规模最大、内容最为丰富、意义最为不凡的非物质文化遗产盛会。

田青先生不仅是非物质文化遗产保护的坚定实践者，更是一位头脑清醒而具有理论思维的保护者，他在非遗保护的理念上也卓有贡献。非物质文化遗产保护工作一开始，最为急迫的问题是"认识"。为了更好地做宣传，提高人们对非物质文化遗产保护工作的认识，我们把非物质文化遗产保护工作归纳为三句话：保护什么？为什么保护？怎样保护？其中特别重要的是要让各级领导知道非物质文化遗产保护的重要性及诸多认识问题。早在2006年，田青先生就对非物质文化遗产保护中的一些重要问题做了深刻阐述，比如"精华与糟粕""先进与落后""迷信与文化"等。从非物质文化遗产保护工作一开始，"精华与糟粕"的二元论就对人们产生着重要的影响，甚至有人认为有些非物质文化遗产就是糟粕，你们为什么还要去保护它呢？田青先生一直大声疾呼，要打破这种错误的认识，他说：

> 仅仅用"精华与糟粕"二元论来审视我们有着几千年历史和56个民族的无比丰富的民族文化遗产是远远不够的，在所谓的"精华"与"糟粕"之间，还存在着大量"精华"与"糟粕"共存共生的文化，存在着大量在一个文化体系里被视为"糟粕"而在另一个文化体系里被认为是"精华"的文化。更重要的是，人类的认识总是在不断进步、更新的，人们的审美标准也在不断变化。就像我们过去的一些价值判断在今天被认为是错误的一样，我们今天的价值判断也不能保证不在明天被后人纠正。

而我国非物质文化遗产保护工作的实践证明田青先生的论断是正确的，如果不突破"精华与糟粕"二元论的禁锢，我们的非物质文化遗产保护就无法进行下去。

坦率地说，在推动非遗保护工作中，搞清楚"保护什么""为什么保护"，还不是最难的事，真正难的是搞清楚"怎样保护"的问题。田青先生早就关注这个问题了，而且比一般的人都看得远、考虑得深。田青先生在非物质文化遗产保护中的"清醒"，突出地表现在他一直反对在非遗保护中提"发展"这个词。开始我还有些不理解,因为我们毕竟是生活在一个新的时代,不发展怎么生存?但后来我理解了田青先生的理念和良苦用心,准确地说理解了他的担忧。他说:"遗产是不能发展的。在这两年的时间里,我越来越深切地感受到这个理论问题的重要性。如果我们始终不敢把这句话说出来,始终不敢把这层窗户纸捅破,那么我们所有的保护工作将永远也赶不上破坏的工作,我们所有的保护工作最后注定是一个失败的结果。""不要什么东西都发展。因为你一发展就要改变,而总有一些东西是不能改变的,问题是我们现在缺乏一种理论的勇气,我们不敢说非物质文化遗产是不能发展的。""在非物质文化遗产的领域里,保护是唯一的,我们没有发展的任务。"

他清醒地认识到,当前"传承保护"比"创新"更重要,他说:"昆曲已经600年了,只有当你真正了解昆曲的魅力时,你会发现,曾经被自己鄙夷的、认为落后的东西,其实是非常有价值的。""我们的文化不能是一个丢了根的文化,不能以中断我们的文化传统为代价。""非遗保护工作更应该关心的是那些因为没有商业价值而被忽略和遗忘的项目。""传统文化不能'转基因'。"多少有些刺耳的语言,无不表现出田青的清醒和忧虑,田先生的清醒和忧虑是非常值得人们重视的,这些理念对指导非物质文化遗产保护工作无疑具有重要的意义。

田青先生几乎把他的全部精力都投入非物质文化遗产保护中,作为全国政协委员,他每年参加"两会",都有关于非物质文化遗产保护的提案,他提出"学校要把'非物质文化遗产教育'列为课程",提出"尽快解决边远地区非物质文化遗产传承人的生计问题",提出"遏制地方旅游破坏人文生态"……他总是在关注着非物质文化遗产保护,在探索我国非物质文化遗产保护的正确途径。最近几年他考虑最多的是"非遗保护与扶贫",他说:"我去年三次去黔西南(贵州省黔西南布依苗族自治州),黔西南是扶贫任务最重的地方之一,有23万异地搬迁的少数民族……怎样才能够让他们顺利地、心甘情愿地搬下来之后能够安身立命……就是在他们搬下山的过程中要把他们的非物质文化遗产也一起搬下来。"他每年都往黔西南跑几趟，他牵挂着这些走出大山的人们的命运。正如他所说："一个人如果坚持自己的'初心'，并且始终有一种为这个民族、为这个国家做些事情的愿望，一旦机会来临，你会把握它，会不辜负它。……我觉得真正的艺术家，一定对民间有一种发自内心的热爱，那是一切文化艺术的母亲，那是土地。"

田青是中国非物质文化遗产清醒而坚定的守护者，保护非物质文化遗产是他的初心，也是他的使命。"保护非物质文化遗产，是近几年我国文化界影响较大的事件。我能够亲自参与其中，并和怀有同样信念、同样理想的战友们共同奋斗，把一个理念与理想一步步变成行动与现实，我深以为幸。我知道，假如没有保护非物质文化遗产的事业，我的生命将是另一个样子，起码，要比现在苍白许多。"

这就是田青先生，一个不忘初心、不辱使命的田青。明年田青先生就 70 岁了，古人说"人到七十古来稀"，这是古人说的古人事，如今不是"人到七十古来稀"，而是"人到八十不稀奇"。衷心祝愿田青先生健康、愉快、幸福，祝我这位充满睿智和学问的老哥，永葆青春！

2017 年冬

（原载《田青印象》，文化艺术出版社 2018 年版）

在"中国非物质文化遗产传统戏剧表演艺术传承人暨高甲戏柯派丑行表演艺术研讨会"闭幕式上的讲话

我们开了一个很好的会。对我们每一个人来说，参加这个会都有很多的收获。特别是我这个北方人，不懂戏的人，这一次更是满载而归。这次会议是一个学术层次很高的会，研讨的问题不仅对高甲戏，对全国戏曲传承人的保护都非常有意义。非物质文化遗产保护的关键是传承人的保护。今年，我们国家公布了第一批国家级传承人，其中没有包括戏曲。为什么？就是因为戏曲领域既丰富又复杂，在公布戏曲传承人的时候，文化部领导十分慎重，希望能够在充分调查研究的基础上，对传承人的工作做一个更好的总结和指导。

这次我们召开高甲戏柯派丑行表演艺术研讨会，不仅总结了高甲戏柯派丑行的艺术经验，也涉及传统戏曲中许许多多的问题。我希望这种研讨会以后还要多多召开，也特别希望高甲戏的传承人，能够把传承工作做好并及时总结经验，对全国的传统戏曲的传承都有一定的指导和启示意义。

到晋江来，我还感受到整个泉州地区浓厚的文化氛围。我们除了研讨之外，还看了两场戏。我是北方人，你们的话我一点都听不懂。即便如此，高甲戏的精彩表演还是深深感染了我。有人对我说，你要能听懂闽南话就好了，那可能就更受感染了。我说，这已经不得了了。我听不懂闽南话都会受到感染，说明这个艺术是很了不起的。如果说高甲戏能让北方人听得懂，那它也就不是高甲戏了。因为高甲戏也好、南音也好，就是生活和生存在我们这个地区的独特艺术形式，这就是它独特的艺术魅力所在。

我希望我们的非物质文化遗产保护，能够在一个非常和谐的文化生态当中进行。闽南地区是中国公布的第一个文化生态保护区，按照"十一五"的规划，国家还要公布十个文化生态保护区，明年可能还要公布几个。从非物质文化遗产保护的角度来讲，唯一的途径就是文化生态保护，这是它能够得以生存下去的重要途径。我希望在这方面，泉州也好，晋江也好，能够为文化生态的保护总结出一些好的经验，这对其他地区的文化保护能发挥一定的指导和启示作用。

此时此刻，我坐在这个地方，也许更适合讲这样一番话：这次会议开得好，与市委市政府对会议的高度重视和各方面的支持是分不开的。我们确实在各个方面都感觉到晋江市委市政府对文化建设，特别是对非物质文化遗产保护的高度重视。我要代表与会的来自各方面的专家学者，对泉州特别是晋江市委市政府和各有关方面，表示衷心的感谢！我也想借此机会，表达这样一种心情：我希望能够有更多的专家学者和艺术家，关注非物质文化遗产的保护工作，并积极参与到非物质文化遗产的保护工作中来。

最后，祝各位专家学者在非物质文化遗产保护方面，能够取得更大的成就。祝各位健康、幸福、和谐！

（"中国非物质文化遗产传统戏剧表演艺术传承人暨高甲戏柯派丑行表演艺术研讨会"于 2007 年 11 月 3 日在福建晋江举行）

在"非物质文化遗产保护中的田野考察工作方法研讨会"上的致辞

首先，我谨代表中国艺术研究院，对这次会议的召开表示热烈的祝贺，对与会的各位专家学者表示热烈的欢迎。

这次学术会议，无论是从主题还是从会议的规模来看，都很好。以往开会，动不动就百十来人，每个人能发言的时间非常短。我参加过一次会议，每位发言的时间只有8分钟，这么短的时间如何展开充分研讨呢？这次会议能够给各位学者比较充分的时间进行讨论，这非常好。这次会议的题目也很有意思，田野考察工作方法对我们具体做非物质文化遗产保护工作的人而言，非常重要。今天从事非物质文化遗产保护工作的很多人，并不懂田野考察的方法。因此讨论这个问题很有意义。

自从我国提出保护非物质文化遗产以来，有三句话一直在探讨：保护什么？为什么保护？怎样保护？经过几年的宣传和一些政策的实施，现在非物质文化遗产保护引起了国人高度的关注，"保护什么，为什么保护"的问题虽然还没有完全解决，但可以说这两年来，人们对这两个问题的认识有了很大的提高，但在"怎样保护"的问题上还亟待深入研究。我想起了若干年前在文物保护上出现了一个词，叫作"修复性破坏"或"破坏性修复"。我们单位以前在恭王府办公，那原是乾隆时期的权臣和珅的宅子，是中国保护得最完整的清代王府，有极高的历史文化价值。在恭王府的"99间半"的长廊上有很多画，20世纪80年代初曾对它进行维修的时候重新描了一遍，结果是描坏了。这是文物修复的一个例子，这种"破坏性修复"的情况在当时并不少见。愿望和动机都是好的，但保护的指导思想和具体操作的方法不对，也就是没有真正搞清楚"怎样保护"的问题，所以好心办了坏事。在非物质文化遗产保护中，会不会出现同样的情况？会的，太可能了，很多的破坏正在发生。明明是一个很好的文化遗产，一经包装就成了假遗产。这可以在很多旅游景点上明显地看到。很多景点都搞假的民俗，搞得俗不可耐。对田野考察方法，不能只从理论研究的角度出发，也要从实际工作角度进行研究。去年在泉州举办的非物质文化遗产保护工作培训班上，在座的有一些学者去讲过课。我很敬佩这样一些老先生，他们不仅理论研究得好，还多年做实际的考察。比如乌丙安先生，现在成了"空中飞人"，忙于考察和讲课。田野考察丰富了我们保护非物质文化遗产的经验，我们也从中发现了很多问题。

我对田野考察不在行，但是我觉得有两点是非常重要的：第一点是人的问题，也就是传承人的问题；第二点就是生态的问题。考察的手段也很重要，王秋桂先生今天带来了台湾这方面的高科技手段，这能给我们田野考察带来很大的帮助。20年前，我们搞了一个"十大文艺集成"，那个工作被称为中国的文化长城。虽然当时做了大量的工作，但是今天看来有非常多的遗憾，如很多音乐素材整理出来了，但是没有录音，没有录像。那个时候我们还没有这样的科技条件，也没有与时俱进的观念，所以留下了很多的遗憾。今天再做考察的时候，我们就要充分利用这些高科技手段，使我们的遗憾尽可能少一点。虽然凡事都会有遗憾，现实是一个遗憾的世界，但是遗憾太多，人就不会幸福。通过我们的努力，让遗憾少一点，对后人有一个更好的交代。

马上就是中国的第二个"文化遗产日"，届时会有很多展览和演出活动，欢迎大家参加。祝会议圆满成功，祝各位在会议期间过得愉快！

（由中国艺术研究院与台湾东吴大学联合举办的"非物质文化遗产保护中的田野考察工作方法研讨会"于2007年6月2日在北京举行）

谈谈书法"申遗"成功的意义

中国书法"申遗"成功，是中国文化发展的一件大事。中国有5000多年的文明史，文化遗产丰富多彩，国家级非物质文化遗产代表作就有1028项。我们不可能把1028项都作为"人类非物质文化遗产代表作"向联合国教科文组织申报。根据联合国教科文组织《保护非物质文化遗产公约》的要求，我们制定了"申遗"的四项原则：

第一，对中国的文明进程、文化发展有重大影响的，具有杰出性、代表性的项目。

第二，关系到国家的文化主权、文化安全的项目。

第三，中国是由56个民族组成的中华民族，中华文化的特点是多元一体，因此重视少数民族的项目，有利于民族团结，体现文化的多元性。

第四，重视台湾、港澳地区的项目，体现国家完整与统一。

这次"申遗"我国通过的22个项目，基本上体现了以上四项原则的精神。如对中华民族文化进程具有重大影响的中国雕版印刷技艺、中国书法，体现了国家多民族特点的朝鲜族农乐舞。申报成功的22个项目中少数民族的项目有7项，海峡两岸的妈祖习俗都考虑进去了。

我们确定中国书法"申遗"，是从国家、民族的大局出发考虑的，中国书法的一大特点就是与中国文字紧密地联系在一起。中国的方块字是对人类文明最伟大的贡献之一。我们讲四大文明古国，全世界只有中华民族生生不息 5000 多年，没有中断自己的文化传统，其中一个重要原因就是文字没有中断，一脉相承。古印度文字中断了，古埃及文字中断了，古希腊文字中断了，只有中国的方块字没有中断，中华文明的传承和文字的关系至关重要。那么，伴随着中国文字的产生，出现了我们的中国书法。书法艺术是从实用书写中产生的。过去实用性写字，如写信、写报告等，只是为了把字写得漂亮一点。今天的书法实用功能退化了，产生了三个更重要的功能：

第一，它是中华文化的标志性的符号，不管到全世界的任何地方，只要看到书法，看到中国字，那就与中国联系在一起了。

第二，体现了我们中华民族的精神，具有中华文化的象征性意义。

第三，体现了中国人的文化审美，中国字写得那么美，全世界绝无仅有，古埃及的象形文字也达不到这个效果。

中国书法与老百姓的生活联系紧密。任何艺术都没有像书法那样与老百姓的生活联系得那样紧密，那样具有广泛性。

有一种说法认为，那么多人在写书法，还需要保护吗？书法现在很繁荣，怎么能当成遗产进行保护呢？这是由于对申遗工作不了解产生的疑问。我们对申遗有一个认识的过程。我们保护的人类文化的多样性，并不是以濒危性为唯一条件的。那么，有一些珍贵的文化遗产，它没有濒危，就不保护了吗？今天没有濒危不保护，明天濒危了怎么办？因此，联合国教科文组织设立了两个名录："急需保护的非物质文化遗产名录"和"人类非物质文化遗产代表作名录"。书法就列入了后一个名录。

中国书法"申遗"成功意义重大，是中国书法发展历史性的里程碑，是我们中华民族的荣誉，在全世界彰显了中华民族的文化精神。今后，保护、传承中国书法更是我们的一种神圣职责。

在"中国戏曲理论国际学术研讨会"上的讲话

值此"中国戏曲理论国际学术研讨会"开幕之际，我谨代表中国艺术研究院，对各位的到来表示热烈欢迎和诚挚的谢意！

今年是中华人民共和国成立60周年，中国的戏曲艺术伴随着新中国的成长，经历了60年的风风雨雨，取得了卓越的成就。中国戏曲的理论研究，从以往较为零散的表述和探索，逐渐奠定基础，并发展和成熟起来，向建设富于中国特色的戏曲理论体系迈进。

中华人民共和国成立以后，党和国家非常重视戏曲艺术。在"百花齐放、推陈出新"方针和"改人、改戏、改制"的政策指导下，对新中国的戏曲理论与实践进行了规划和改革。中华人民共和国成立伊始，就先后成立文化部"戏曲改进局"和"戏曲改进委员会"，将"戏曲改革"作为国家文化机制的重要组成部分，当代戏曲的发展也是在这一背景下展开的。

与此同时，国家戏曲研究机构"中国戏曲研究院"建立，这就是中国艺术研究院的前身。各省市也建立了相关机构，专门从事戏曲研究。各大高校、戏曲院团里也活跃了一批戏曲专家。戏曲理论研究的优秀人才因而被组织和集中起来，以建设中国自己的、民族的、现代的戏曲理论。

在这一时期，戏曲理论研究主要从两个方面展开：其一是古典戏曲理论的整理。中国戏曲研究院编辑出版了《中国古典戏曲论著集成》，全书共十册，选辑、校录了唐代以来的戏曲理论著述48种，包括古典戏曲编剧、制曲、歌唱、表演方面的论述，以及戏曲源流的考察，剧作家、演员的传记等史料文献，给戏曲理论研究奠定了重要基础。其二是马列主义与中国戏曲的实践相结合。新中国的戏曲工作者运用马克思主义辩证唯物主义和历史唯物主义，建构中国自己的戏曲理论。在这样一种开阔的中外戏剧比较的视野中，不仅提炼出中国戏曲特有的概念和范畴，而且为世界戏剧的发展提供了独特的中国元素。譬如，张庚关于"剧诗"概念的阐述，阿甲关于戏曲自由时空和"程式"的提出，黄佐临关于"戏剧观"和"写意"戏剧的设想，郭汉城、刘厚生等学者的理论和批评等，都是既借鉴了西方戏剧的理论，又继承了中国戏曲的传统，从而创造的有中国特色的戏曲理论成果。

改革开放以来，一批系统性的大型理论著作和丛书得以相继开展和完成，如《中国戏曲通史》《中国戏曲通论》《中国大百科全书·戏曲曲艺》《中国戏曲志》《中国戏曲音乐集成》《当代中国戏曲》《中国当代戏曲史》《中国少数民族戏曲剧种发展史》《昆曲艺术大典》《京剧艺术大典》，以及"中国戏曲剧种音像资料库""戏曲史论丛书""昆曲与传统文化研究丛书"，等等。以《中国戏曲志》为例，除台湾外，全国每省市、自治区各一卷，全面记录整理中国大陆各地区各民族的戏曲历史和现状，是中国戏曲理论研究的系统工程。而近年来进行的《昆曲艺术大典》和《京剧艺术大典》，采用"原典集成和百科全书式"的编纂方式，整合了全国相关的学术资源和学术力量。这些集体性的大型学术工程，不仅锻炼和造就了一大批戏曲理论研究的后继人才，而且为建构中国戏曲理论体系奠定了基础。

近年来，戏曲理论和批评非常活跃，出现了不少新理论、新思想、新方法，也出现一些争鸣和理论热点讨论。如对中国戏曲美学的阐释，不仅出版了多部戏曲美学论集，产生了不少成果，而且也出现了一些新的认识、理解和不同观点，应该从美学角度对戏曲艺术形态和规律予以讨论、研究和再建构。又如对民间戏剧的研究，傩戏、目连戏的研究，祭祀性演剧的研究，打破了以作家、作品、文学史为中心的传统戏曲研究范式，将社会学、文化人类学的方法、观念和视野引入戏曲研究中，因而重构了戏曲研究的格局。关于"世界三大戏剧体系""继承传统与创新发展的关系""戏曲的市场化问题""戏曲危机论"等问题，曾引起戏曲研究界较为广泛的讨论。这些话题的争论，一方面促进了戏曲理论研究的辩证发展，深化了对戏曲艺术规律认识，有助于戏曲在21世纪的传承、发展；另一方面也有一些戏曲批评者不从客观实际出发、不遵守学术规范，致使一些戏曲理论研究变得模糊、似是而非，产生了新的问题。这也提示着戏曲研究者不仅要关注戏曲批评的功能，更应注重戏曲批评的学理化。

2001年5月18日，昆曲被联合国教科文组织公布为首批"人类口头和非物质遗产代表作"。从此，非物质文化遗产的抢救、保护渐渐成为全社会的共识。在非物质文化遗产的众多门类中，戏曲，尤其是地方戏曲占据了很大的比重。在中国走向现代化的今天，地方戏曲所面临的困难似乎更为严峻。如何从非物质文化遗产保护的角度，抢救和研究地方戏曲的生存与发展，已是摆在戏曲研究者面前的迫在眉睫的理论问题。

中国的戏曲理论是在继承古典戏曲理论，借鉴、吸收西方戏剧理论，并在对戏曲实践总结和升华的基础上形成的。中华人民共和国成立60年来，中国戏曲理论所取得的成绩，为中国戏曲表演理论体系的构建准备了条件。中国戏曲是中华民族最具代表性的艺术品种之一，在全球化和多元化的当今世界，也是保持中国特色、提高国家文化软实力的重要内容。近来，我们积极准备，拟立项实施"中国戏曲表演理论体系"重大课题。构建中国戏曲表演理论体系，不仅是对中国戏曲理论的一次全面的总结，甚至也关系到中国文化的发展和未来。

当前，随着中国社会的飞速发展和变化，中国戏曲艺术的理论与实践也不断面临着新的问题和新的挑战。今天，来自中国内地、港澳台地区，以及日本、韩国、新加坡、美国、丹麦的50余位学者齐聚一堂，就戏曲理论各方面问题加以研讨。金秋十月是北京最美的季节，也是收获的季节，我们期待也完全相信这次研讨会一定会取得丰硕的成果！

（"中国戏曲理论国际学术研讨会"于2009年10月24日在北京举行）

在"2010中国艺术人类学学术会议"上的致辞

由中国艺术研究院、中国艺术人类学学会主办，中国艺术研究院艺术人类学研究中心承办的"2010中国艺术人类学学术会议"今天在这里隆重举行。首先，我谨代表中国艺术研究院对各位专家学者和嘉宾朋友的到来，表示热烈的欢迎和衷心的感谢！

此次会议以"非物质文化遗产保护与艺术人类学研究"为主题，上百位国内外专家学者聚集一堂，深入探讨非物质文化遗产保护的理论及实践、艺术人类学的历史与现状、艺术人类学民族志与田野调查方法、艺术人类学与当代社会发展的意义等问题。可以说，这是一次非常值得期待的学术盛会。

中国的非物质文化遗产保护工作在近几年有了广泛而深入的发展，取得了丰硕的成果。为了更加深入地推进非物质文化遗产保护工作，科学的田野实践和理论研究是很需要的。应该看到，非物质文化遗产的许多表现形态都是以艺术的形式呈现的，它们是艺术的但又不仅仅是艺术，而是艺术与文化的集合体。在我们能观察到的艺术形式的背后，存在着一个巨大的意义世界，这正是艺术人类学所要记录和研究的内容。因此可以说，艺术人类学的研究是非物质文化遗产保护研究的一个重要理论基础。

这次会议由来自不同国家的专家学者共同参与讨论，他们的视角与观点，必然会带给我们许多新的思考。我相信，通过这次研讨会，能够更好地促进世界文化艺术研究的交流和融合，加强国内外艺术人类学研究者的沟通，进一步推动艺术人类学的发展。

最后，预祝研讨会取得圆满成功，祝各位专家学者、嘉宾朋友身体健康！

（"2010中国艺术人类学学术会议"于2010年11月5日在北京举行）

在"海峡两岸河洛文化暨豫剧发展论坛"上的致辞

今天,来自海峡两岸的豫剧工作者、研究者聚集在这里,将对豫剧发展的诸多论题展开学术研讨。首先,我谨代表中国艺术研究院,向大家表示真诚的欢迎和衷心的感谢。

中国戏曲的发展有着悠久而灿烂的历史,不同的文化传统、不同的风土人情、不同的审美风尚造就了丰富多彩的声腔剧种。豫剧正是梆子腔在河南流布之后,与河南方音土韵结合而产生的艺术结晶。随着时代的变迁,豫剧广泛地吸纳传统文化精髓和现代艺术精神,成为中国最具影响力的地方剧种之一。豫剧的足迹也走出了中州四域,走过了黄河两岸,走到了众多风俗、语言很不相同的地域,成为人们喜闻乐见的艺术品种。

在台湾,豫剧正是倔强地生长的一枝艺术之花。20世纪50年代,豫剧传到台湾,成为人们排解乡愁、怀恋故土的心灵寄托。经过半个世纪的艰辛曲折,豫剧在台湾因一批批矢志艺术的艺术家而得以延续,并焕发出更加绚丽的光彩;也因为一批批优秀的新编历史剧、儿童剧乃至具有实验性质的探索剧目,而得以继续辉煌。

改革开放以来,随着两岸文化交流的日益频繁,台湾豫剧界与大陆的联系更渐亲密,海峡两岸豫剧团体的交流合作与研究机构的学术探讨也日渐频繁。在河南省文化厅的积极推动下,从2001年起,"海峡两岸河洛文化暨豫剧发展理论研讨会"已成功举办四届,对加强两岸文化研究和戏剧发展，做出了积极的贡献。本次学术研讨会能由中国艺术研究院承办，我们感到非常荣幸！与会的专家学者将就豫剧发展的诸多理论问题进行深入的研讨，还将围绕台湾国光剧团豫剧队演出的新编豫剧《中国公主杜兰朵》《曹公外传》展开讨论，对豫剧在大陆与台湾的普及与发展，必将会产生积极的影响。

预祝台湾国光剧团豫剧队在北京演出成功！预祝本次学术研讨会取得圆满成功！

（"海峡两岸河洛文化暨豫剧发展论坛"
于2005年9月11日在北京举行）

在"第五届(中国·金坛)国际剪纸艺术展"开幕式上的致辞

今天我们在这里隆重举行"第五届(中国·金坛)国际剪纸艺术展",这是值得祝贺的文化盛事。在此,我谨代表中国非物质文化遗产保护中心对展览的举办致以最热烈的祝贺。

中国剪纸有着悠久的历史,它是广大劳动人民,特别是妇女在生活和劳动中的杰出创造。这种散发出浓郁乡土气息的艺术,有着质朴的美,它生动地反映出人民的智慧、情趣和对生活的认知,是中国传统民间艺术的奇葩。剪纸与老百姓的生活和习俗息息相关,因此,它一直为人们喜闻乐见。剪纸已被列入"国家级非物质文化遗产名录",目前正积极申报人类非物质文化遗产代表作,对剪纸艺术的保护也越来越得到各个方面的关注和重视。

金坛是一个美丽而富裕的好地方,在经济高度发展的今天,金坛市委市政府十分重视文化建设,特别是对优秀传统文化的弘扬,这是非常有战略眼光的。一个城市不仅要富裕美丽,还要有品位,而衡量一个城市有没有品位的重要标志,就是看它的历史和文化底蕴,看它的文化发展。一个没有文化的城市是没有品位和灵魂的。国际剪纸艺术展在金坛的举办,必将对金坛的文化发展乃至经济和社会全面协调发展产生积极而重要的影响。

在这次剪纸艺术展中，我们很高兴地迎来许多国家的专家和艺术家，他们之间的相互交流和学习，将会积极推动剪纸艺术的保护与发展。这对保护人类文化的多样性，推动人类文明的发展是有积极意义的。

人类社会已经进入了一个前所未有的发展时代，全球经济一体化有力地促进了世界的经济发展和文明的进程。但同时也对文化的多样性和非物质文化遗产的存续带来了严重的威胁，一些珍贵的非物质文化遗产项目在高度发展的经济大潮面前，甚至面临濒危。保护像剪纸这样的非物质文化遗产，从来没有像今天这样紧迫和严峻。毫无疑问，与时俱进是时代发展的必然要求，但我们的发展不能丢弃我们的传统文化。非物质文化遗产是一个古老民族的生命记忆和活态基因，是一个民族的精神家园。这些年来，我国的非物质文化遗产保护取得了显著的成就，人们的保护意识有了很大的提高。保护文化遗产，守望精神家园，已经成为举国共识。这是历史的责任，是时代发展的需求。我们只有踏踏实实地站立在中国的大地上，坚守我们的民族根基，守住我们的精神家园，我们才能充满信心地走向世界、走向现代化、走向未来。

最后，预祝本次国际剪纸艺术展圆满成功！

["第五届（中国·金坛）国际剪纸艺术展"
于2009年9月27日在江苏金坛举行]

在"徽州文化生态保护高峰论坛"上的发言

文化生态保护实验区是一个新问题，不管是对文化部来讲，还是对专家学者来讲都是一个新问题，我们都还没有一个清晰的认识。我认为，文化生态保护理念和措施的提出是基于两个重要前提的：一是非物质文化遗产所面临的文化生态的状况，二是非物质文化遗产本身的特质。首先从非物质文化遗产本身的特质来讲，任何非物质文化遗产项目的生存都是相关联的，都不是孤立的，都是一个文化生态产生的项目。任何例子都可以说明，如徽墨、宣纸等，都是与当地的文化生态联系在一起的。而现在所面临的形势是，很多文化生态已很不适合祖宗传下来的一些非物质文化遗产项目的生存。就是基于这个原因，提出文化生态保护理念对当前非物质文化遗产保护具有重要意义。

以非物质文化遗产为核心的文化生态保护理念是中国最先提出的。从生物学的角度谈文化保护比较容易理解，文化的情况类似。其实20世纪60年代，意大利在文化遗产保护中就提出了一个口号——"连人带房子一起保护"，这是整体保护的概念，也是活态保护的概念。后来，又提出要关注非物质文化遗产与其他文化遗产之间的关系。我认为这种说法还有欠缺：对非物质文化遗产本身的特质关注的不够。如果没有人，这些文化遗产就是死的文物，而人与生活习俗、道德观念、价值观念有密切联系。今天，社会现代化成果影响最大的就是这一部分，如果人的行为方式发生变化，特别是习俗方面的东西，传统就发生变化。因此，在强调文化生态保护的同时，除了要特别强调非物质文化遗产与其他文化遗产形式的关系之外，还要特别强调非物质文化遗产的特质，要特别强调它与当地群众生活习俗、生活方式、道德观念、崇拜、信仰等精神层面的关系。对此要予以充分的关注，要意识到在文化生态保护中人是最重要的，尤其是精神层面的东西。比如说，有的地方在保护古村落的时候，人全搬出来，把建筑保护下来了，按老百姓的话说："有人住的房子是好的，没有人住的房子没有人气。"建一个新农村，每天让一部分人到村子里继续生活，这是一个探索模式。保存原有的生活模式，但又引出另一个问题：文化一和旅游结合在一起，假民俗、假习俗就出现了。举个例子说，在旅游景区一个姑娘一天结好几回婚。在文化生态保护中，崇拜和尊重的成分不能丢失，这必须引起大家的深思。经济与文化的关系、传统与现代的关系、继承与保护的关系，都是文化生态保护中很难解决的问题。

另外，当我们把非物质文化遗产和老百姓的生活相联系时，它们是活态的，这就面临一个问题：必须要解决老百姓的生活。舞蹈家去云南考察，原始的舞蹈让大家很震撼，但是当地的居民向往的是北京大都市的生活。我们在考虑非物质文化遗产保护与文化生态保护时，必须考虑到老百姓的生活，考虑怎样将非物质文化遗产保护与老百姓的生活紧密结合起来，拿出解决的办法，这样才能保证老百姓对当地文化的认同感，才能使文化遗产更长时间地传承。

（"徽州文化生态保护高峰论坛"
于2008年10月23—24日在安徽黄山市举行）

《怀梆文化生态研究》序

随着我国非物质文化遗产保护的深入发展，整体性、生态性保护的理念已成为人们的共识。正是在这种理念的指导下，我国建立了一批以非物质文化遗产保护为核心的文化生态保护实验区。

非物质文化遗产是"无形文化"，它不同于"有形"的文化遗产，如故宫、长城等。这些"无形"的文化遗产，都是一定的生活方式、生产方式的产物，与人的生活、习俗、信仰紧密相连，与人们的生活环境密切相关。非物质文化遗产的表现和传承都是一个活态的过程。无论是音乐、舞蹈、戏剧等，还是民俗、节庆、仪式等，都是在动态中完成的，这正是非物质文化遗产的特性及其规律。正是基于这样的认识，我们在非物质文化遗产保护中，坚持整体性原则、活态传承原则、本真性原则。只有在一定的文化生态环境里，非物质文化遗产才能得到更好的生存和发展。所以，我们在非物质文化遗产保护中，除建立了国家名录体系、传承人认定保护机制等之外，又采取了建立文化生态保护区的举措。

的确，非物质文化遗产的存在和发展不是孤立的，而是和它的环境密切地联系着的。考察非物质文化遗产的发展可以看到，特定的非物质文化遗产总是在特定的环境中产生，正所谓一方水土养一方人。自然环境决定着艺术的形式和风格，自然环境的变化往往会导致文化的改变。近代以来，特别是近几十年来，中国的经济有了快速发展，中国的自然环境发生了很大的变化，森林减少、草原沙化、水源枯竭等，这些在对人们的生产方式和生活方式造成影响的同时，也对文化产生了不可逆转的影响。由此可见，保护非物质文化遗产应该同时保护它赖以生存的自然环境。

社会环境是影响非物质文化遗产生存与发展更重要的因素。社会的经济基础、政治制度、生活方式等，更直接地影响着非物质文化遗产的生存环境。在当代，随着社会生产方式和生活模式的迅速改变，非物质文化遗产生存的社会环境也发生了巨大变化，许多非物质文化遗产项目迅速衰落和消亡，就和这种社会环境的变化有着密切的关系。当前，保护适宜非物质文化遗产项目生存的社会环境是我们面临的一个非常重要的问题。

非物质文化遗产的生存与发展，与其自然环境和社会环境之间的关系是微妙的、复杂的，这其中有很多重要的东西需要我们去探索和研究。可喜的是，现在有不少学者已开始关注这些问题。河南师范大学丁永祥同志近来完成的《怀梆文化生态研究》可谓这一领域值得重视的成果。

丁永祥同志对文化生态问题的关注可以说由来已久。在20世纪末21世纪初的中国生态美学热中，丁永祥同志一直从事生态美学研究。2006年，他从日本进修回来后对非物质文化遗产给予了更多的关注。他把自己熟悉的生态美学与挚爱的非物质文化遗产结合起来进行研究，真可谓如鱼得水。丁永祥同志在攻读博士期间，潜心研究国家级非物质文化遗产项目怀梆。在研究怀梆的过程中，他做了大量的调查，并深入农村与农民一起开展非物质文化遗产保护。这种扎实的研究所得出的结论自然是真实、可靠的。在《怀梆文化生态研究》中，作者从自然、社会、文化等多个方面讨论了怀梆的生存环境，指出了环境变化对怀梆发展的影响。同时，作者还非常认真地研究了怀梆的内部生态机制。应该说内部动因是促进非物质文化遗产发展更重要的因素。《怀梆文化生态研究》对怀梆发展的内在动力机制、传承模式等的探讨很有见地，值得重视。

当今中国的非物质文化遗产保护正在不断地向纵深发展，整体性保护已成为时代的要求。《怀梆文化生态研究》从一个具体的非物质文化遗产项目入手，深入地讨论了整体保护问题，这对当前非物质文化遗产保护的现实意义是不言而喻的。

  中国的非物质文化遗产保护面临的困难和问题还很多，当前最紧迫的需要之一就是加强调查研究。没有理论研究，很多问题就弄不清楚，保护工作就无法科学地进行。我们希望更多的研究者能加入这一队伍中来。希望永祥同志在非物质文化遗产保护的理论研究中做出更多的贡献！

  是为序。

2010 年 11 月 1 日于北京

（《怀梆文化生态研究》由中国社会科学出版社 2011 年出版）

对非遗保护工作方针与原则的有效落实

曲艺是非物质文化遗产的重要组成部分，常州是曲艺传统非常深厚的历史文化名城。在过去的一段时间里，常州市积极响应国家关于非物质文化遗产保护工作的有关号召，紧密联系本地实际，及时开展了发掘抢救包括曲艺在内的非物质文化遗产的相关工作，并尝试进行有关非物质文化遗产保护工作的制度创新，率先在全国成立了地方曲艺传习所，组织实施本地曲种的发掘、抢救与恢复、传承工作，取得了可喜成绩，获得了丰富经验，走在了全国前列，引起了学界关注。

这次常州应中国艺术研究院曲艺研究所之邀，来京举办"江苏常州地方曲艺发掘抢救学术观摩展演及研讨活动"，是一件非常富有意义的事情。特别是面向首都乃至全国各地的专家学者与研究生表演展示的由5个曲种7个节目构成的专场演出，是他们发掘抢救本地曲艺极其珍贵的工作成果。我谨代表中国艺术研究院和中国非物质文化遗产保护中心，向这次活动的成功举办和所取得的优异成绩表示热烈祝贺！向为发掘抢救常州地方曲艺付出艰辛劳动，并为我们带来这台珍稀节目的各有关方面和曲艺家包括相关人士，表示崇高的敬意和由衷的感谢！

"兰陵兰韵——江苏常州地方曲艺发掘抢救学术观摩展演"不同于一般的商业演出，"保护与传承——江苏常州地方曲艺发掘抢救学术研讨会"也不同于一般的学术研讨；而是主办方响应国家保护非物质文化遗产的有关号召，结合曲艺保护的实际，立足濒危曲种抢救的客观需要，服务大局、团结协作的产物。既为学术界深入思考包括曲艺在内的非物质文化遗产保护工作的科学有序开展提供了借鉴与启示，又为全国各地更好地开展相关非物质文化遗产的传承保护工作提供了经验与示范，值得赞赏和肯定。

按照国家关于非物质文化遗产保护工作"保护为主、抢救第一、合理利用、传承发展"的方针，发掘抢救濒临失传的非物质文化遗产是其中最为紧迫的优先工作内容。同时，由政府主导的这项宏伟事业，特别需要社会各界的携手参与，尤其是需要学术理论的关切与指导。中国艺术研究院曲艺研究所与江苏省常州市文化广电新闻出版局联合主办此次活动，因而也是对国家非物质文化遗产保护工作"政府主导、社会参与、明确职责、形成合力"等原则的切实贯彻和有效落实，其借鉴与示范意义是不言自明的，应当得到鼓励、提倡和发扬。

（原载《中国文化报》2009年11月4日）

佛山木版年画是佛山的一张文化名片

我国的非物质文化遗产保护工作在近年来有了很大的发展,有人曾经用四句话来形容我国的非遗保护工作,就是"起步很晚,发展很快,成绩很大,问题很多"。这些年来,我国非遗保护工作可谓从无到有、从小到大,到今天已经成为一个颇为声势浩大的文化事业。但是我们不能盲目乐观,尽管经过我们的不断努力,我们很多非物质文化遗产项目的生存环境有所改变,但从整体上看,非物质文化遗产项目的生存状态并没有改善多少。有些项目仍然处于濒危的边缘,如我们今天要研讨的佛山木版年画。据我不完全的了解,在我国诸多的木版年画中,佛山木版年画的生存状况是属于比较困难的,说处于濒危并非危言耸听。为什么在经济和文化比较发达的佛山地区,曾为中国四大木版年画之一的佛山木版年画会如此衰落?这是值得深思和重视的问题。

有人对我们的非物质文化遗产保护工作比较悲观,认为时代发展了,有些非物质文化遗产项目必然要消失,甚至认为我们的非遗保护工作不过是把这些要死亡的东西的"死刑"改为"缓刑"。我没有这样悲观,我相信只要我们真正重视和保护珍贵的文化遗产,我们完全可以把这些遗产保护下来,并融入现代的社会中去。须知这些珍贵的非物质文化遗产,对我们民族、国家、未来都太重要了。它们不仅仅是历史的记忆,更是民族的血脉。不能想象,如果佛山没有陶瓷、没有木版年画、没有祖庙,它还会有那样大的魅力吗？现在已经到了佛山木版年画生死存亡的最危险的时刻了，此时此刻我们来到这里商讨对策，探究如何使木版年画得到更好的生存和发展，不管结果如何，都必然会记载在佛山的文化史册上。

佛山木版年画面临的生存困境是由时代的发展、全球经济一体化造成的。非物质文化遗产项目都是农耕文明的产物，今天人们的生产方式、生活方式都发生了根本的变化，特别是我国改革开放到今天，在经济建设上取得了巨大成就，非物质文化遗产的生存环境同时也发生了很大的变化。虽然这些年来我们为非遗保护做了大量工作，但也不能够从根本上改变非物质文化遗产生存环境日益恶化的情况，更何况这些年来"重申报、轻保护"的情况普遍存在，许多保护措施并没有落实，只是停留在口头上和宣传上。

要以更大的力度保护非物质文化遗产，保护好佛山木版年画，必须从三个层面上做好工作，才能解决问题。

第一个层面是政府的层面。我们国家的非遗保护是政府主导、社会参与，政府主导是一大特色。保护佛山木版年画，政府也要从政策、资金、机制上发挥出主导的作用来。我们已经有了《非遗法》，那么能不能在《非遗法》的框架下，制定具体的保护条例？每一个非物质文化遗产都有保护单位，保护单位也要发挥它的作用，承担起保护的责任。如果保护单位不负责任或名不副实，就应该撤掉这样的保护单位。

对佛山来讲，佛山木版年画是佛山的一张文化名片。这样的文化名片可以提升城市的知名度，增强城市的文化内涵，也会成为促进文化、经济发展的资源和动力。如果佛山木版年画保护能够纳入政府文化发展和经济社会发展的规划中去，将会有力推动佛山木版年画的保护工作。

第二个层面是社会的层面。光有政府主导还不够，还非常需要全社会的参与。全社会都应该提升保护的意识，要有文化的自觉。要使每一个人都知道，保护非物质文化遗产就是保护我们自己的精神家园。我注意到，在这次佛山木版年画研讨会上，一些有识之士纷纷解囊相助，这是很令人感动的。当然，仅仅这样还是不能从根本上解决问题。应该建立一种社会资助的机制，如建立保护联盟和保护基金。

第三个层面是项目持有者的层面。项目持有者，或者说传承人，要以更大的责任心和坚强的毅力，坚守住这块阵地。能否考虑在作品的品种、培训和宣传及销售渠道的开发等方面做一些工作？历史上，东南亚华人圈非常认可佛山木版年画，因此可以重视对东南亚华人市场的开发等。现在提倡文化大发展、大繁荣，佛山木版年画应该有一个说得过去的展示馆，既能收藏，又能展示，同时还是宣传和培训的重要基地。当然，佛山木版年画保护不是孤立存在的，它生存的土壤是当地的民俗活动，比如可以与剪纸等联合起来搞民俗活动。我相信只要大家努力，一定会找出一条佛山木版年画保护和发展的道路来。

［原载《神州民俗》（学术版）2013年第1期］

开启非物质文化遗产保护工作新篇章

　　开展非物质文化遗产保护和研究工作，是新时期中国艺术研究院发展的一个非常重要的方面，不仅拓宽了我院研究的领域，也大大提高了我院的社会影响。中国艺术研究院几乎参与了我国非物质文化遗产保护工作的方方面面，发挥了重要作用。为了宣传和普及《非遗法》，我院承办的2011年"文化遗产日"主题活动，在北京中华世纪坛举行。围绕"依法保护，重在传承"的主题，本次活动由"依法保护，重在传承——《非遗法》宣传展""薪火相传——中国非物质文化遗产传承人师徒同台展演""我们的精神家园——2011中国非物质文化遗产摄影大展"三个部分组成。在短短的6天时间里，近万名观众参观了展演活动，得到了社会各界广泛好评。此次活动不但生动客观地展现了我国非物质文化遗产保护与传承风貌，彰显了非物质文化遗产代表性传承人的重要作用，而且为推动《非物质文化遗产法》的贯彻落实，促进我国非物质文化遗产的传承与发展，弘扬中华民族优秀传统文化，起到了积极而深远的作用。

　　前几天刚刚结束的在北京农业展览馆举办的"中国非物质文化遗产生产性保护成果大展"，更是迄今为止我国举办的规模最大、门类最齐全的非物质文化遗产展览，产生了轰动性的影响。在文化部、澳门特别行政区政府社会文化司、香港特别行政区政府民政事务局的大力支持下，我院分别与澳门及香港有关部门合作，在当地举办了"根与魂——中国非物质文化遗产展演"活动。此次展演活动全面、立体、集中地展示了我国非物质文化遗产的资源状况、珍贵价值和保护成果，充分展现了中华民族丰富多彩的非物质文化遗产资源及独特魅力。一方面，使澳门、香港民众更好地了解了祖国非物质文化遗产的丰富，国家文化发展与规划性和多样性，拓展了内地与澳门、香港文化交流的广度和深度；另一方面，有效地促进了我国非物质文化遗产的保护、传承与合作，更好地滋养中华文化之"根"，坚守中华文化之"魂"，为中华优秀文化生生不息、代代传承做出了贡献。

在"两岸同心 我们同行——两岸万名青年交流大联欢"活动期间，我院积极组织筹备了其中的非物质文化遗产展演活动。这是迄今规模最为盛大的两岸青年交流活动，内容丰富，形式新颖，开创了两岸青年交流的新局面。其中，非物质文化遗产项目的展示环节有力提升了"我们同根、两岸同心、我们同行"的理念，推动了两岸的人们情系中华，共建美好家园的决心与信念。

近几年，我院还多次承办了两岸非物质文化遗产月活动，对推动海峡两岸的文化交流和民族认同产生了重要影响。我院还积极参与非物质文化遗产保护国际事务、国际规则的修改与制定，包括派员参加了在韩国首尔举办的"第七届东亚文化遗产网络工作会议"、在日本召开的"日本亚太中心管委会第一次会议及中心启动仪式"、在印尼召开的"非遗、文化多样性及知识产权区域研讨会"及"联合国教科文组织保护非物质文化遗产政府间委员会第六届常会"、在韩国召开的"韩国亚太中心管委会第一次会议及中心启动仪式"，以及在法国召开的"保护和促进文化表现形式多样性政府间委员会第五届会议"等。最近，还将在北京举行"亚太地区非物质文化遗产保护国际培训中心成立大会暨第一届理事会"。

（2012年2月17—19日，"全国艺术研究院所建设工作会议暨2012年度国家社科基金艺术学项目管理工作培训会议"在郑州举行。本文系会议发言摘要）

科学保护非遗：让传统习俗融入现代生活
——全国少数民族非物质文化遗产项目调演答问

当人们看到肤色黝黑的藏族农民在舞台上淋漓尽致地跳着欢快的玉树卓舞，平日在田间劳作的羌族大嫂穿着节庆时的衣裳在舞台上跳起了劳作之舞，柯尔克孜族小男孩热情奔放地和爷爷说唱玛纳斯时……这些来自民间默默无闻的演员带给观众的自然之美和朴实之风让观众感动得无法言喻。因为，他们唱歌、跳舞不是为了演出，这些歌舞就是他们生活的一部分。

目前，正在北京举行的"全国少数民族非物质文化遗产项目调演"（2010年2月27日至3月30日）引起了北京观众的强烈反响。此次调演活动由文化部和国家民委主办，中国艺术研究院中国非物质文化遗产保护中心承办，会聚了全国20个省（自治区、市）近2000名少数民族同胞，向广大民众尽情展示少数民族独具韵味的非遗风情。调演活动由9台具有极高欣赏价值的原汁原味的非物质文化遗产节目组成："多彩民族——综合专场（一）""高原奇葩——青海省专场""羌魂——四川省专场""侗歌声声——贵州省专场""草原欢歌——内蒙古自治区专场""潇湘风情——湖南省专场""八桂风谣——广西壮族自治区专场""多彩哈达——西藏自治区专场""灿烂中华——综合专场（二）"。整个调演活动将涉及1个"急需保护的非物质文化遗产名录"项目（羌年）、6个入选"人类非物质文化遗产代表作名录"项目（朝鲜族农乐舞、呼麦、侗族大歌、花儿、玛纳斯、马头琴传统音乐）和近90个国家级非物质文化遗产项目。9台专场演出将上演近120个节目。

举办这样一台大规模的以"非遗"为主题的演出，在中华人民共和国成立以来还是首次，搞这么大规模的少数民族非物质文化遗产项目调演有什么意义？它对推动科学理性地保护少数民族非物质文化遗产有什么作用呢？

问：这次非遗调演会聚了全国20个省（自治区、市）、20多个少数民族，9台专场将上演近120个节目，举办这么大规模的调演活动，是基于什么样的考虑？

答：这次的调演规模的确比较大。中华人民共和国成立以来，大规模的少数民族音乐舞蹈调演搞过几次，但以往的调演基本以创作为主，是创造性的表演。而这次演出则是第一次以非物质文化遗产为主题的调演，是中华人民共和国成立以来规模最大的一次。

为什么文化部和国家民委要办这么一个大规模的非物质文化遗产的调演？主要有两点考虑：一是我们国家的非物质文化遗产保护近年来已经取得很大的成就，影响很大。这次调演，体现出我国对少数民族非遗保护的重视。二是为了更好地彰显少数民族非物质文化遗产的丰富多彩和进一步推动少数民族非物质文化遗产的保护。比如去年我国有22项非遗项目列入联合国教科文组织公布的"人类非物质文化遗产代表作名录"，其中有7项是少数民族项目。我们在评审"国家级非物质文化遗产名录"和"人类非物质文化遗产代表作名录"时，对少数民族的非物质文化遗产，尤其是与生活相关的习俗、崇拜等，都是作为重点来考虑的。中华人民共和国成立以来，党和政府始终非常重视少数民族文化的保护，强调民族平等，很多时候甚至是重点照顾。当然，因为少数民族特殊的历史文化背景、发展因素，国家对此重点保护是应该的。特别是在今天经济高速发展、全球一体化的时候，很多地区的传统已经淡化，而少数民族的文化传统保护相对完整，因此，对这些具有浓郁的民族特色的东西进行保护更显得迫切和必要。

问： 这次调演的最大看点是什么？

答： 这次调演的节目大部分来自地地道道的民间，比如"多彩哈达——西藏自治区专场"，表演者基本都是农民、牧民，最大的有70多岁。无论是拉孜堆谐、弦子舞，还是山南昌果卓舞、拉萨囊玛，都生动地展现了雪域高原充满神奇色彩的藏族文化。只有他们这些民间的表演者才掌握了真正传统的东西，更能体现出一种民族性和民间性。

为什么说非物质文化遗产项目表演与艺术创造性的表演有区别？举个最简单的例子，杨丽萍的《云南映象》非常成功，但它不是原生态的非物质文化遗产项目，因为它是运用民族文化遗产的元素进行的新的艺术创作，虽然它的许多演员也是来自民间，但还是经过了导演的艺术指导和提高的。非物质文化遗产是原本就那样生活在民间的东西。当然，在舞台上表演和在村落里表演不可能完全一样，但是我们强调的是它的原真性，因为我们要保护的就是民间生活的原始状态，它的基本的东西是不变的，这种真实是更可贵的。有些场次的演出也是有设计思路的，比如"羌魂——四川省专场"，它是以羌族的人生为主线串场，展示羌族艰难的民族历程。但是，它依然和《云南映象》那样的艺术创作不同，它的加工只是在艺术的串联构思上，它所表演的每一个项目都还是原真性的。比如羌年上的羊皮鼓舞，羌族人平时过年时怎么跳，这次在舞台上还怎么跳。

问： 这次调演有很多项目入选，入选的标准是什么？

答： 没有统一的标准，因为各地的情况是不一样的。我们主要强调以国家级非遗名录、省级非遗名录项目为主。比如这次的20个民族、20个省（自治区、市），列入"人类非物质文化遗产代表作名录"的就有好几项，如朝鲜族农乐舞、玛纳斯等，国家级名录占了很大的一部分，其中有20人是国家级非物质文化遗产项目代表性传承人。

非物质文化遗产包括十大类，这次的调演只是侧重了这十大类中的两类，即传统音乐、传统舞蹈类。有个别项目不属于音乐舞蹈类，如满族的二贵摔跤，是流传于河北隆化县的一种传统民间体育游艺活动，但表演起来非常好看。此次调演前后两场都是综合场，中间七场都是各省的专场，每个专场有不同的主题和风格。第一场综合专场以北方的少数民族为主，最后一场"灿烂中华"是整体的综合专场，是一场总结性的演出，把各地区的优秀节目和一些没有组台的省区的优秀节目集中起来展示。

问：我注意到这次活动强调来了20名国家级非物质文化遗产项目代表性传承人，目前我们国家级的非遗传承人有多少？

答：国家级非物质文化遗产项目代表性传承人前后公布三批，总共有1400多人，其中包括汉族在内的各民族的歌舞类传承人大概有一两百人，属于少数民族音乐舞蹈类传承人的人数就更少了。为什么说这次来了20个少数民族的传承人已经很不少了，因为其中很多传承人年纪都偏大，只能带学生，已经不能上台表演了。这次调演中年纪偏大的是蒙古族长调民歌传承人巴德玛，他70多岁，还能上台唱。这次调演选了很多年轻的演员，也是想体现一种薪火传承。

问：对音乐舞蹈类的非遗项目，演出也是一种保护和传承的方式吗？

答：打一个可能不恰当的比喻，为什么春节晚会有无数的演员千方百计想要登台，因为演出一次可能就出名了、受重视了。从这么多年我们搞非遗保护的角度来讲，虽然我们组织的演出是宣传性的，但许多项目能到北京演出、展览，都是很大的鼓舞，对他们的保护比你讲一千句话一万句话都管用。一是引起当地政府重视，他们发现以前认为不起眼的东西居然能在北京演出、展览，重视程度肯定不一样。二是表演者演出带来的荣誉感，他的地位提高了，自己也就更加重视了。我们不断举办各种活动，就是想不断推动人们提高认识，提高对保护民族文化遗产的重视。举办一次这样的活动，可能比做其他很多工作都有效，因为它绝不仅仅是一次宣传。以前就有"一个节目救了一个剧种"的例子，像当年的《十五贯》，还有广西的刘三姐带动了广西的文化发展等，这样的例子很多。

问：除了演出和各种宣传带来的显著的保护和传承效果，还有什么其他方式可以保护和传承歌舞类非遗项目？

答：这个问题很重要。演出当然只是一种宣传彰显的形式，这不是保护歌舞的主要手段。主要的保护手段还存在于老百姓的生活当中。我们这些参加演出的少数民族歌舞演员大多数都是当地群众，这些歌舞是他们生活的一部分，他们唱歌、跳舞不是为了演出，是为了表达自己的感情，是为了自己的生活。比如侗族大歌，他们在村子里演唱就是为了表达感情、表达爱情、表达对生活的向往。侗族大歌是他们生活的一部分，从过去到现在都是这样。

所有的非物质文化遗产都是一定的生活方式和生产方式的产物，是从生活本身产生出来的。现在人们的生活方式和生产方式都发生了变化，这些非物质文化遗产的生态环境也在发生变化，要想从根本上保护它，孤立地保护是很难的。因此，必须要保护它的文化生态，使这种文化生态和老百姓的生活息息相关，还是它生活的一部分。这就涉及一个问题，传统的习俗和现代化的生活如何有机地结合？我们国家现在提倡文化生态区的保护，就是在一定的区域之内保护这些与非物质文化遗产相关联的很多因素。举个简单的例子，如要把羌年保护下来，和羌年相关联的很多东西都能保护下来，如羊皮鼓舞。其实，汉族也是一样，把过年的习俗保护下来，相关的文化就保护下来了，如剪纸、年画、庙会等。这就是把传统的习俗与现代化的生活结合在一起。还有，一定要和老百姓直接的生活相关联，否则是不可能长期保护下去的。

问：什么是理性的认识、科学的观念？

答：我们要认识到不是所有的非物质文化遗产都能保护好，有些非物质文化遗产随着时代的发展是会被淘汰的。这就像古代的建筑文物到了一定的年代必然要倒塌，只能不断维修。非物质文化遗产不同于物质文化遗产，它具有一定的流变性，就是随着人们的生产生活方式的改变，它也在不断地变化。比如唐代有唐代的文化，宋代有宋代的文化，但在决定民族特质的文化基因中，有相对的稳定性。所以，一定要有清醒的理性的文化认识，认识到今天非物质文化遗产保护的大背景和以往是不同的。一是由于高度的经济发展和全球经济一体化，对传统文化造成了前所未有的影响，就像北京城的改造，传统的古老的北京很快变成了现代化的城市，对传统文化威胁特别大；二是越是面对这样一个紧迫的局面，今天的保护越要更加理性。要根据文化遗产目前存续的实际情况和目前的社会历史状态来保护。比如20世纪80年代在文物保护中就犯过这样的错误，把一些珍贵的文物修复得很新，结果真正的文物变成了假文物。这就是保护性的破坏和修复性的破坏。

像音乐舞蹈，本来就存续在民间，要防止两个问题：一是艺术家不要去改造它，原来在民间是什么样的存在就保护到什么样，不要说什么"不够艺术性啊""不够美啊""学点美声唱法吧"，要尊重它本身的特质和基本的元素。二是要科学地处理非物质文化遗产的保护与经济发展的关系。我们千万不要因为经济把这些文化粗俗化，要在理性的指导下正确处理经济与文化、保护与发展的关系。

问：歌舞类非遗项目的传承方式主要是什么？

答：一是传承，民间歌舞的传承方式很多，大多数是师父带徒弟，比如侗族大歌，是一代代专门有人传授。有的地区也有专门学校。其实保护和传承形式是多样的，每年我们都会有歌舞类非遗人员的培训。二是研究，开展各种研讨活动，探讨如何保护和传承得更科学。三是不断推动文化生态系统的建设。按"十一五"的文化发展规划，我们会推出十个生态保护实验区，现在已经有了四个文化生态保护实验区。因为音乐舞蹈是在生态环境下生存的，没有这个生态环境就没有这些歌舞。这是整体性保护理念，是活态传承保护理念。在学理上，我们提出了三个原则：原真性原则，即尽可能原汁原味地保护；整体性原则，即不要孤立地保护，而要把它放在老百姓的生活状态中保护；活态性原则，即要传承下去，而不是像保护一件文物一样放在博物馆里静止保护。这样的理念，才能真正保护它们。

问：传承是自发的还是政府推动的？

答：原本是自发的，但现在政府也要保护，比如授予国家级代表性传承人，国家在政策上、经济上会提供帮助，传承人的责任除了保护就是要传承。各地和各民族不一样，有些经济条件好的，还会集中起来办班。有些地区自发组织一个相对稳定的团队，或者去各处演出，或者在节日演出。

问：我理解，授予了他传承人的称号，他的主体的责任感就被激发出来了。

答：对，我们赋予他这个称号时，同时他也就承诺了责任。这是有条件的，必须承诺保护他掌握的文化遗产并愿意传承，我们才会授予他这个称号，这是基本条件。如果不带学生、不带徒弟，我们还可能取消这个称号。

问：目前的保护和传承都需要政府的支持与参与吗？

答：我们的成功经验是政府主导、社会参与。为什么要政府主导，因为总是需要投入一些经费、需要一些政策，将来还需要立法。中国这些年在非遗保护上取得这么大的成绩，文化部等相关政府部门功不可没。当然，重要的是因为这个倡导是符合民意的。一夜之间老百姓从不知道什么是"非物质文化遗产"到它变成了热门词语，正是因为它和老百姓的生活太相关了。但光靠政府不行，因为真正的非物质文化遗产的拥有者是老百姓本人，老百姓是主体。我们现在经常说和谐社会，真正达成和谐的是什么，是文化。文化是强大的黏合剂，可以把人的情感联系在一起。

问：从事非遗保护工作以来，您有什么样的感受？

答：当年国家公布第一批国家级非物质遗产代表性传承人时，谭元寿先生被评为第一批中国京剧艺术的传承人。记者采访时，老先生说他这一辈子得到过许多荣誉和称号，但是这次对传承人的称号格外重视。他说："这不仅是给我一个称号，我更感到一种责任，我不仅要表演，我更有责任保护好传承好。"民间对这个反响更强烈，我们每次搞活动，民间艺人都是抱着极大的崇敬心和积极性来做的，很多人来我们中心时，他们都说自己就像找到了组织。他们意识到国家重视了，自己得到尊重了，更意识到了自己的责任。我们每次到各地，都能够强烈感受到大家对这件事的重视，在非遗普查中，很多群众和基层的老百姓的积极性让人感动。

问：非遗保护在各地区发展的情况如何？

答：由于历史、经济、文化的原因，各个地区的发展不一样。东部地区的非遗保护得较好，尤其是江浙和福建一带，这是历史形成的。比如福建，以前下南洋的华侨回家，他们可能投资的是现代化的建设，但内心留恋的是自己祖先的文化，这是他们的根。海峡两岸的同胞，也通过根文化来认祖归宗。而江浙人则是把传统文化和经济联系得更紧密，他们把文化遗产变成了文化资源。比如江苏一带，很多传统的民间戏曲保存得很好，成为老百姓文化生活的一部分。像苏州，把昆曲、评弹等地方戏曲曲艺变成了他们城市的文化名片，把苏州名气打得很响。我想，通过各种活动不断提高认识，形成一个全社会的自觉保护意识，达到文化和经济的协调发展是最好的。

问：您心目中有没有一个希望达到的理想的非遗保护传承的效果，或者说一幅文化蓝图？

答：事情是一步步做起，一代一代去做的。我们目前处在一个经济转型、社会转型的时代，我的目标是通过我们的努力使更多的人在现代化生活的今天更重视自己的传统，不要忘记自己的祖宗，不要割断我们的历史和文化血脉，这是我们要努力争取的效果。当然，这是一个长期的事业。我认为，只要人类存在，非物质文化遗产的保护就要一直进行。因为时代在不断发展，我们会不断面临新情况、新问题，我们要随着发展采取新的措施。理想的境界是举国上下都重视我们的遗产，就像我们的口号"保护文化遗产，守护精神家园"，真正形成一种全社会的共识，使我们的社会把传统文化融入现代化的生活，使我们能脚踏实地地站在中华民族文化传统的根基上发展。

（"全国少数民族非物质文化遗产项目调演"于 2010 年 2 月 27 日至 3 月 30 日在北京举办）

南京云锦的"前世今生"

——在"锦绣金陵——金文云锦作品展研讨会"上的发言

在鼠年即将到来之际，我们有幸在南京再一次聚会，这一次是南京云锦把我们联系在一起的。说到南京云锦，对我来说有一种特殊的情感。2009年南京云锦织造技艺入选联合国教科文组织"人类非物质文化遗产代表作名录"，我当时是向联合国教科文组织申报的评审委员会的成员，是投了票的。我本人还主持了"中国向联合国教科文组织申报'人类非物质文化遗产代表作名录'和'急需保护的非物质文化遗产目录'初选项目暨备选项目申报文本协调会"，并参加了南京云锦申报片的最后审定工作。作为南京云锦申报"人类非物质文化遗产代表作名录"的亲历者，每每听到与南京云锦有关系的事，都像是说我自己的事情一样，感到非常亲切、非常有感情。

另外，大家都知道我是研究《红楼梦》的学者，我之所以那么喜欢南京云锦，那么为南京云锦申报鼓劲争取，还因为南京云锦与曹雪芹、与《红楼梦》的创作有着密切的关系。曹雪芹他们家三代四人，即曾祖父曹玺，祖父曹寅，父辈曹颙、曹頫相继担任江宁织造达58年之久，曹家成了名重一时的江南望族。江宁织造不是大官，却是钦差，他的主要任务就是为皇帝和皇宫供奉绸缎衣饰等。据《清宫述闻》卷二引《印雪轩随笔》："内府大缎皆金陵织造所贡，色鲜润。"《清会典》亦记载："凡上用缎匹，内织染局及江宁局织造,赏赐缎匹苏、杭织造。"可见,江宁织造府是专门为皇帝和皇宫服务的。正因为曹雪芹他们家就是为皇帝和皇宫提供南京云锦的,所以曹雪芹对南京云锦非常熟悉,我们看《红楼梦》中多处描写到南京云锦,可以说在中国古典小说中,《红楼梦》是写南京云锦最多最具体的。如第三回林黛玉进贾府,见到王熙凤身穿"缕金百蝶穿花大红云缎窄褃袄",见到贾宝玉穿的是"二色金百蝶穿花大红箭袖"。第八回贾宝玉看见薛宝钗穿的是"玫瑰紫二色金银鼠比肩褂"。第十五回,北静王水溶穿的"江牙海水五爪坐龙白蟒袍",以及水红状缎狐肷褶子、大红金钱蟒靠背、秋香色金钱蟒大条褥等,这都是南京云锦。《红楼梦》第十九回,贾宝玉问他的小厮茗烟一个女孩子叫什么名字,茗烟告诉宝玉:"若说出名字来话长,真真新鲜奇文,竟是写不出来的。据他说,他母亲养他的时节做了个梦,梦见得了一匹锦,上面是五色富贵不断头卍字的花样,所以她的名字叫作卍儿。"这里说梦见得了一匹锦及五色富贵不断头"卍"字的花样,说的都是云锦。

  《红楼梦》第五十二回,贾母给贾宝玉一件很不寻常的衣服:"宝玉看时,金翠辉煌,碧彩闪灼,又不似宝琴所披之凫靥裘。只听贾母笑道:'这叫作雀金呢,这是哦啰斯国拿孔雀毛拈了线织的。'"过去人们都相信贾母的话,以为这件雀金裘是俄罗斯的进口货,后来著名红学大家吴世昌先生写过一篇文章《从马王堆汉墓出土的"羽毛贴花绢"到〈红楼梦〉中的"雀金裘"》,考证出晴雯病补的"雀金裘",其实就是云锦。吴世昌先生的文章中指出:"说雀金呢是'哦啰斯国'织的,却是傅会之谈。"孔雀是热带飞禽,俄罗斯那里会有?而且俄国的纺织业素不发达,锦绣工艺的技术也不高明,即使有孔雀毛这种原料,也织不出"雀金裘"来的。"但雀金呢这种织物清初确实是有的。明末诗人吴梅村的《望江南》十八首之十一云:'江南好,机杼夺天工。孔翠装花云锦烂,冰蚕吐风雾绡空。新样小团龙。'这是说把孔雀毛或翡翠毛织进锦缎中去作为各种龙凤花纹。据说,这种用孔雀羽毛织成云锦的花纹,在定陵出土的妆花缎中有。"可见,吴梅村所说的"孔翠装花云锦烂",就是南京云锦中孔雀羽状花缎的一种，也就是《红楼梦》中晴雯病补的"雀金裘"。《红楼梦》中大量地描写到南京云锦，透露出《红楼梦》的故事与曹雪芹家族的命运息息相关，这既是作者曹雪芹的忆昔感今，抒发家国情怀；同时也是为刻画人物性格特征服务的，当然也是为凸显作品所要展现的家族兴衰的主旨服务的。

南京云锦是中华传统文化的一枝奇葩，云锦中的妆花是我国丝织工艺的最高境界。尽管南京云锦已经是中国织锦工艺最后一个里程碑，但它的"前生"就像云锦的色彩一样，光彩夺目，灿若云霞，风光无限。而云锦的"今生"，则是和许许多多非物质文化遗产一样，"生存还是死亡，这是一个问题"。这绝非耸人听闻，而是实实在在面临的严峻考验。根本的原因，在于南京云锦的生存条件已经发生了根本的变化，它的功能和需要已经发生了根本的改变。南京云锦的繁华兴盛，与清王朝的需要紧密联系在一起，它代表着一种高贵、皇家风范。而今天它面临着现代化的生活，面临着年轻人的审美和时尚需求，南京云锦还能适应今天的生活需求吗？

我们刚才出席了金文大师的云锦作品展开幕式并参观了展览，金文大师的作品真是光彩夺目，灿若云霞，巧夺天工，令人叹为观止。特别是那一件雍正皇帝的龙袍精美复制，简直是令人难以置信，这无疑代表了当今云锦的最高水平。对金文大师的作品我不陌生，当年为申报南京云锦织造技艺为"人类非物质文化遗产代表作名录"时，没少看过他的作品。但今天再看他的作品，还是感到非常震撼和钦佩。我们不仅看到了他对南京云锦传统技艺的坚持和坚守，还看到他在努力地开拓南京云锦的创造性转化、创新性发展，包括题材、样式、图案、色彩，在当下南京云锦面临着生存与发展的严峻形势，这种求"变"的努力是值得肯定的。我们今天还能看到如此精美的南京云锦作品展，真是幸运，这要感谢金文大师的杰出贡献和不忘初心的不懈努力与锲而不舍的坚守。而今天还有金文这样的大师坚守在保护传承南京云锦的阵地上，对南京云锦的生存与发展无疑是极为重要的。我不是研究南京云锦的专家，对金文大师作品的赞美和评价，在座的许多专家比我更专业更有资格，我则想着重从非物质文化遗产的保护与传承、继承与发展的角度，谈谈观展后的想法。

首先，不管现在的生活是否还需要南京云锦，我们都要保护它，这不是一个需要讨论的问题。作为中国丝织工艺发展到高峰的代表，作为中华民族纺织技艺和审美观念的杰出代表，它充分体现了中国人的聪明才智，是中国人智慧的生动展现，是中华民族对人类文明的重要贡献。保护好南京云锦，是我们这一代人义不容辞的历史责任。我们要衷心感谢金文大师等一批非物质文化遗产代表性传承人，他们一直坚守在南京云锦保护的阵地上，没有他们的坚守和不懈努力，我们今天就看不到南京云锦的生存，南京云锦织造技艺也不会入选联合国教科文组织"人类非物质文化遗产代表作名录"。

但鉴于南京云锦面临的生存环境，仅仅靠一批云锦大师的个人坚守是不够的。我国非遗保护的工作原则是"政府主导、社会参与"，这是我国非遗保护的特色，也是优势。在短短的十几年中，我国非遗保护能取得如此巨大的成就，与"政府主导"是密不可分的。中国非物质文化遗产的当代实践是非常值得骄傲的文化历程，在短短的十几年的时间里，由"政府主导、社会参与"，我国的非物质文化遗产保护工作取得了巨大的成就。我国不仅成为世界上入选"人类非物质文化遗产代表作名录"项目最多的国家，还建立起四级名录体系，建立了7个文化生态保护区和若干个文化生态保护实验区，出台了一系列政策法规，确立了"保护为主、抢救第一、合理利用、传承发展"的工作方针。特别是有了一个《中华人民共和国非物质文化遗产法》，开展了全国性非物质文化遗产普查，公布了国家级非物质文化遗产代表性传承人。全民的非物质文化遗产保护意识大为提高，非物质文化遗产保护的理论建设也颇有成就。在中华人民共和国成立70年的历程中，非遗保护是我们的文化事业取得的最为耀眼的一项成就，而且是在短短的十几年里完成的。

有鉴于此，对南京云锦的保护，政府应该发挥主导的作用，应该制定有针对性的专门的保护扶持政策，制定保护与创造性转化、创新性发展的规划。譬如人才培养问题、专项资金的投入、当代大师代表性作品的收藏及宣传，等等。南京云锦应该成为南京的文化名片、江苏的文化名片，应该成为推动南京乃至整个江苏的文化旅游发展的重要资源。

对非物质文化遗产的保护，仅仅靠政府也不行，还要充分发挥社会的作用。是否可以考虑成立南京云锦保护的基金，发挥企业特别是民营企业对南京云锦保护的积极性，发挥全社会对南京云锦保护的积极性。当然，南京云锦传统技艺的持有者对南京云锦的保护无疑担负着最重要的责任，要有使命感和责任感。

任何非物质文化遗产的保护，都离不开一定的生存环境，这就是生活的需要。非物质文化遗产是活态传承，它在当代的生活中"活"起来，才能生存下去，才能传承发展。南京云锦如何融入现代人的生活中，是决定南京云锦能否生存发展的关键。

今天，南京云锦的功能和需要与清代完全不同了。在曹雪芹祖父生活的时代，南京云锦是为皇帝和皇宫服务的。今天，南京云锦的服务对象已经发生了根本性转变，它要为当代人的生活服务，尤其是为当代年轻人的生活服务，要适应当代人尤其是当代年轻人的审美需求。因为年轻人的审美需求代表了最大的市场需求，这就要求今天南京云锦的作品必须改变，这是需要好好研究的重要课题。

南京云锦的特色在于纹样题材内容广泛，题意吉祥，造型壮硕丰满，色彩浓重富丽，大量用金银线与各色彩丝及孔羽线相搭配，金碧辉煌，高贵大气。这些基本的"特色"是必须要坚持的，否则就不是南京云锦了。但继承、坚守南京云锦的基本特色，不等于拘泥于"传统"而不敢越雷池一步。譬如，南京云锦特别强调造型壮硕丰满，色彩浓重富丽，但如果这些东西设计在今天的服饰上，就很难被年轻人接受。相反，现在的年轻人更能接受服饰上标识般的装饰，既富贵吉祥又典雅脱俗，很能显示出不同一般的档次。

鉴于南京云锦的本质特色，我始终主张南京云锦的创造性转化、创新性发展，要走高端路线。寸锦寸金的南京云锦，不可能走大众市场化的路线，必须坚持南京云锦的高贵气。能否把南京云锦与时尚结合起来，能否把南京云锦与高贵、高品位的审美结合起来，使年轻人把云锦看作一种时尚审美的追求，这是关系到南京云锦能否融入当代生活中的关键所在。这就要求我们一定要好好研究南京云锦的设计，一定要设计出好的图形，要精致古雅又不失时代风尚，打造出名不虚传的南京云锦服饰品牌。我们还要好好研究世界著名品牌的设计及宣传，要打造符合南京云锦文化意蕴的中国品牌，除了服装的云锦元素以外，还可以在包、绒花、胸花、头饰、裙饰等上面做做云锦的文章。

我还希望南京云锦走好"国际路线"，即把南京云锦推向世界，这包括两个方面的工作：一是在对外文化交流中宣传好南京云锦，让南京云锦世界有名；二是打造好能走向世界的南京云锦的品牌。这也需要好好研究，我们要考虑好怎样在世界上讲好南京云锦的故事，推出经得起市场检验的南京云锦的作品。

南京云锦与《红楼梦》有那么多的故事，要充分利用《红楼梦》这部最伟大的古典名著的文化效应。一是能否从《红楼梦》的人物、故事中，开发出文化创意产品；二是讲好《红楼梦》与南京云锦的故事，使《红楼梦》成为南京云锦的代言人，提升南京云锦的文化内涵，使更多的人知道《红楼梦》与南京云锦的关系，这方面大有开发的空间。

总之，南京云锦的保护与发展，任重而道远。我的一孔之见，都是纸上谈兵，不一定符合南京云锦保护与传承、创新转化的实际，不妥之处，敬祈批评指正。

（"锦绣金陵——金文云锦作品展研讨会"
于 2020 年 1 月 18 日在南京六朝博物馆举行）

附录

对话：非物质文化遗产保护需要举国体制

  2006年被称为中国的"非遗保护年"，文化部在中国国家博物馆举办的首届"中国非物质文化遗产保护成果展"成为轰动一时的文化盛事；中国的"文化遗产日"正式面世，迎来了各地保护文化遗产、守护精神家园的百花齐放；"非遗"这个词也成为那一年的网络十大热门词语之一。正是在这个背景下，"中国非物质文化遗产保护中心"于2006年9月14日在中国艺术研究院挂牌成立。目前，中国已有26个项目入选联合国教科文组织公布的"人类非物质文化遗产代表作名录"及3项"急需保护的非物质文化遗产名录"，从而使中国成为世界上拥有人类非物质文化遗产代表作最多的国家；公布国家级非物质文化遗产名录、确认国家级非物质文化遗产项目代表性传承人、建立文化生态保护实验区、全国非物质文化遗产普查基本结束，一系列举措让非遗保护的理念深入人心。而中国艺术研究院党委书记、副院长、中国非物质文化遗产保护中心常务副主任张庆善更是亲历了中国社会对非物质文化遗产从几乎陌生到全民皆知的过程。首次申报"人类非物质文化遗产代表作名录"时的懵懂，让他感受到了中国对传统文化的忽视。几年间，非遗保护取得的成果和人们认识的提高则让他备感欣慰。正值中国非物质文化遗产保护中心成立四周年之际，本刊专访中国艺术研究院党委书记、副院长、中国非物质文化遗产保护中心常务副主任张庆善。

一、非遗保护是社会发展的需求

记者： 非物质文化遗产这个概念在中国从确立到成为一个热门词汇，只有短短几年时间，您觉得是我们的传统文化真正受到了重视，还是它背后的经济利益驱使？

张庆善： "非物质文化遗产"是个外来词，进入中国人的语汇也就短短几年时间。2003年，联合国教科文组织通过《保护非物质文化遗产公约》之后，才有了这个词。之前叫作"人类口头和非物质遗产"，这个词应该是从日本的"无形文化"转化过来的。正如你所说，这个词刚进入中国时，大家不知道、不熟悉，甚至觉得很拗口，可是短短几年，它就成为一个热门词语，尤其是在2006年，"非遗"成为网络十大热门词语之一。

为什么这么热，我认为根本上是社会发展的需求，是人们日益增长的精神文化的需求。这个需求不是简单地为了经济利益，因为我国在走向现代化的过程中，经过了30多年的高速发展，人们的认识已经发生了很大变化，一方面追求经济发展和物质利益，另一方面感受到中华民族不能丢掉自己的文化传统，需要找寻我们的精神家园。而非遗保护对弘扬中华民族的优秀传统文化，对建设和谐社会、提高国家软实力，乃至经济和社会全面发展都有着重大意义。党和政府的高度重视，推动了非遗保护工作。2005年3月，国务院办公厅发布了《关于加强我国非物质文化遗产保护工作的意见》。同年12月，国务院又发布了《关于加强文化遗产保护的通知》。一年内发了两个文件，可见国务院的重视程度。在这两个文件中，明确提出了我国非遗保护的指导思想、工作目标、工作方针和工作原则，从而有力地推动了全国非遗保护工作的全面开展；党的十七大报告中，有相当大篇幅讲到了弘扬中华文化，建设中华民族共有精神家园。强调中华文化是中华民族生生不息、团结奋进的不竭动力。明确提出加强对各民族文化的挖掘和保护，重视文物和非物质文化遗产的保护。在党和国家的关心下，文化部于2006年正月在中国国家博物馆举办的中华人民共和国成立以来的第一次非物质文化遗产保护成果展，成为轰动一时的文化盛事。

正是这个展览，让"非遗"这个词名扬天下。也正是在这个展览之后几个月，中国就有了一个最年轻的节日——"文化遗产日"。

我曾说过文化的事情往往不好做，非遗保护这件事却在短短几年时间内取得了很大成就，获得了举国共识，这本身就是值得研究的问题。有政府主导，有社会参与，上下达成共识，才会有今天这样的局面。

当然，不排除有些人、有些地区，出于经济和其他利益追求的目的，只顾申报项目、争景点，而不注重保护，或者过度开发利用文化遗产。有这种情况不奇怪，这不是非遗保护造成的，而是非遗保护工作发展过程中出现的问题。申报是保护的手段、措施，不是目的。如果只重申报而忽视保护，或是为了眼前的经济利益，过度开发，而造成了对非物质文化遗产项目的破坏，这就违背了非遗保护的初衷，这是我们坚决反对的。我们一定要坚持"保护为主、抢救第一、合理利用、传承发展"的方针，处理好保护与利用的关系、文化与经济的关系、社会效益与经济效益的关系。对存在的问题，一是通过宣传和教育，提高人们的认识，特别是教育领导干部；二是采取必要的措施，包括亮黄牌警告等。

记者： 您一直强调要让非物质文化遗产项目在适合它的文化生态中保护，那么非遗保护的目的是什么，是被大众熟知和重视，还是让祖先的文化和习俗在不被打扰的空间里沿袭？

张庆善： 我们要保护的非物质文化遗产项目，都是一定的生产方式和生活方式的产物，它不是孤立存在的，总是存在于一定的文化生态中。一二百年前，不用提保护非物质文化遗产，甚至20世纪五六十年代，很多传统习俗都保存得很好。我小时候过年，那时城里和农村差不多，都要请神送神、拜灶王爷，要守岁，给长辈拜年是要磕头的，规矩很严。今天就不一样了，我们现在进入了现代化的生活阶段，特别是我们国家这30多年发展得太快了，生产方式和生活方式改变了，我们要保护的非遗项目的生存环境也必然发生变化。例如剪纸，过去农村红白喜事、过年过节都离不开剪纸，这是一种习俗。现在剪纸的这种功能越来越小了，变成了一个纯粹的审美对象，因为它所需要的文化生态没有了。我们现在所做的工作就是要改善这些非物质文化遗产项目的生存环境，使之在现代化生活的今天仍然能存续下去。正是基于非物质文化遗产项目的本质特征，以及它所生存的环境发生了很大的变化，所以我们强调整体性保护，建立文化生态保护区就是在整体性保护的理念基础之上的思考。

保护非物质文化遗产项目，不只是为了历史的记忆，不只是为了对祖先的敬畏，更重要的是为了满足我们今天人的精神和文化的需求。当然，有些非物质文化遗产项目不可能永远保护下去，比如森林号子、码头号子，等等。码头工人搬运物资都实现了现代化操作，都是集装箱，再也不用人搬肩扛，谁还再唱码头号子？对这些遗产只能通过录音、录像抢救保存，进行研究，留给后人。但有许多非物质文化遗产项目通过努力，还能在现代社会中生存下去，并且发挥重要的作用。比如妈祖习俗，全世界有2.5亿人信奉妈祖，它对加强民族的文化认同、加强民族情感的凝聚力，所起的作用是别的东西无法取代的。我们的传统节日及其习俗，仍然对中国人的精神文化生活有着重要的影响。

二、重视非遗有一个过程

记者：按您刚才讲的，非遗保护是政府在主导。但是，如果一个社会的大气候是不尊重文化和传统的，而是经济发展至上、消费主义横行，您觉得非遗保护会真正长久吗？

张庆善：我国非遗保护的一个重要原则是"政府主导、社会参与"，这是非遗保护的中国特色。政府要担负起主导的责任，如制定政策、立法、财政支持等，要把非遗保护纳入社会发展的整体规划中。但是没有社会的参与，没有老百姓的文化自觉，没有人们对非遗保护认识的提高，光有政府的推动也不行。因为我们保护的正是老百姓身边的珍贵文化遗产，是我们民族共有的精神家园。更多非物质文化遗产的保护者和持有者是广大的民众，而不是政府。

举个最典型的例子，2005年韩国申报了江陵端午祭，这本来和中国没有关系，可是在中国却引起了轩然大波。有些媒体甚至刊出了这样的标题——《保护中国端午节》。尽管韩国的江陵端午祭和中国的端午节很不同，他们不吃粽子也不赛龙舟，虽然它是由中国的端午节流传过去的，但是到韩国已经有1000多年的历史了，已经成为韩国的传统节日。这件事之所以引起全国关注，就是因为它牵动着中国人的情感。所以在这之后，我国的几个传统节日有了法定假日。通过这个例子，可以看出，非物质文化遗产和老百姓的生活息息相关，和文化认同息息相关，与人民的情感息息相关。在我们走向现代化的时候，无论如何都不能忽略融入了我们血液当中的中华文化传统，这是中华民族的基因。

认识的提高需要有一个过程，当年日本明治维新，要脱亚入欧，引进西方文化，这对日本的发展起了很大作用，但对传统文化也造成了很大破坏。第二次世界大战之后，日本才真正受到了教育，被美国人占领的日本才感觉到了什么是亡国奴，不只是领土被占领，更重要的危机是大和民族还能不能存在。美国对日本不光进行军事占领，也实行文化统治，大相扑不能演了，歌舞伎不能看了。日本人感觉到大和民族不能亡，而保住大和民族的希望就是保存日本的传统文化。所以，从1950年开始日本颁布了保护"无形文化遗产"的法律，这是世界上第一个为保护传统文化立法的国家。而中国没有经历过这个过程，所以在很长一段时间，人们对身边的传统文化并不是很重视，加上"文化大革命"对传统文化造成了很大的破坏。改革开放以来，经济高度发展，人们的生活方式发生了很大的变化。在经济全球一体化的背景下，在经济高度发展的背景下，我们开始意识到，中国在走向世界的时候，不能没有精神家园，不能忘记回家的路。中华民族优秀传统文化是我们民族生生不息的根基。

另外，联合国教科文组织的倡导对人们认识的提高也有很大的帮助。1997年，联合国教科文组织通过了建立"人类口头和非物质遗产代表作"的决议。2000年，中国开始申报"人类口头和非物质遗产代表作"。在2001年联合国教科文组织公布的"人类口头和非物质遗产代表作"中，我国昆曲入选，而且获得了全票通过。但当时我们对非遗保护并没有什么认识。

2005年对我国非物质文化遗产保护是一个分水岭，2004年4月文化部、财政部和全国文联等联合启动了"中国民族民间文化保护工程"，2005年国务院颁布了两个文件。到了2006年的正月，就有了文化部举办的有史以来第一次中国非物质文化遗产保护成果展。这个展览本来计划只搞半个月，开始还担心去参观的人不会太多，没想到开幕式就爆满，连我都没有挤进第一拨参观的人群中去。每天参观的人很多，可以说人潮如流。后来周和平副部长决定展期延长至一个月，观众达30多万人之多，真是出乎意料。那一次我深切地感受到了广大群众对非遗的热情。尽管当时大多数人还弄不清楚什么叫"非物质文化遗产"。一位老先生问我，怎么能叫"非物质文化遗产"呢，昆曲是人演的，剪纸、木版年画不都是物质吗？怎么成了"非物质"呢？我就跟他解释，非物质文化遗产离不开物质的载体，昆曲需要人唱和表演，古琴需要人弹奏，琴本身就是物。然而，非物质文化遗产所指的不是物，而是蕴含在物质载体之中的精湛的技艺、独到的思维和丰富的文化内涵。比如，古琴不是非物质文化遗产，只有古琴的发明、制作技艺、弹奏技艺，包括曲谱及附着在古琴上的影响中国古代文人的精神内涵，才属于非物质文化遗产。

三、文化自觉是根本

记者：各个地方的"申遗"项目报到非遗保护中心的时候，依据什么标准来判定？怎么识别他们是真的重视非遗，还是只想借此发展实现经济利益？

张庆善：我们国家对评审国家级非物质文化遗产项目是很严格的，文化部非物质文化遗产司建立国家级非物质文化遗产名录评审专家库，并从中随机抽取有关专家组成国家级非物质文化遗产名录评审专家组，负责对推荐的申报项目进行初评。具体评审标准主要有六条：（一）具有展现中华民族文化创造力的杰出价值；（二）扎根于相关社区的文化传统，世代相传，具有鲜明的地方特色；（三）具有促进中华民族文化认同、增强社会凝聚力、增进民族团结和社会稳定的作用，是文化交流的重要纽带；（四）出色地运用传统工艺和技艺，体现出高超的水平；（五）具有见证中华民族活的文化传统的独特价值；（六）对维系中华民族的文化传承具有重要意义，同时因社会变革或缺乏保护措施而面临消失的危险。评审的时候我们会对少数民族的项目、关系国家文化安全和文化主权的项目、关系海峡两岸统一的项目给予更多的关注。

除了按一定条件申报以外，对申报的项目还有一个十分重要的要求，即申报项目必须提出切实可行的十年保护计划，并承诺采取具体的措施。没有这一条，就不可能评上。

评审国家级非物质文化遗产项目，对推动我国的非物质文化遗产保护起了积极的作用。目前，我们国家已经公布了两批国家级非物质文化遗产名录，一共1028项。第三批名录已经公示，很快就会正式公布。

在申报中也存在不少的问题，现在有一个很不好的趋势，就是大家抢着申报国家级非遗项目，对省级、地市级重视不够。"重申报、轻保护"的情况也是存在的。"重申报"是值得肯定的，因为申报也是保护的举措，申报可以提高社会知名度，引起社会的广泛关注和尊重。但是我们的目的是保护，要重申报，更重保护才行。一些地方确实出于发展旅游、发展经济的目的，把非物质文化遗产项目当成了招牌，当成了赚钱的幌子，那样的结果就是哪里旅游搞得火，哪里的非遗项目就可能被破坏得更厉害。不是说发展旅游不好，通过旅游可以扩大文化遗产的社会影响，但是"保护为主、抢救第一"是个大前提，在保护的前提下，可以合理利用，而不是过度开发。像一些民族园、旅游景点，把我们的民族文化搞得粗俗不堪，这样下去，珍贵的非物质文化遗产就会失去它的魅力，也就不会有什么利用的价值了。

我国在非遗保护的过程中，面临两个很大的问题。一是许多地方经济基础薄弱，一些偏僻农村、少数民族区域经济很不发达。我去一个县考察，县长说，也知道保护非物质文化遗产很重要，但是他很无奈地表示，老师的工资都发不出来，哪有钱保护这个？二是文化自觉不够。著名社会学家、人类学家、民族学家、社会活动家费孝通先生晚年时，提出了"文化自觉"的理念，有重要意义。要让人们自觉认识到保护的重要性，而不是被动接受。我们在非遗保护之初就提出了"保护什么、为什么保护、怎样保护"的问题，现在还是面临这三个问题。如果说"保护什么"的认识已经基本上解决了，那么"为什么保护"和"怎样保护"的认识还要提高。我们保护的不是像故宫、长城那样的有形文化遗产，而是"无形"的文化遗产。非物质文化遗产有自己的特性，它是一定生态下的产物，认识了它的特性，才能采取具体的保护措施。比如，福建泉州在保护方面就做得比较好。泉州是著名侨乡，无论是台湾人到泉州寻根，还是东南亚的华人把大笔资金投到家乡，吸引他们的不是高楼大厦，而是小时候听的南音、看的高甲戏和提线木偶，等等。现在到泉州，夜晚你就可以在大街小巷听到南音。泉州甚至把南音作为学校的音乐课教材，把传统的东西带到学校里面去。让非遗保护"进校园、进课堂、进教材"正是我们的目标。毕竟孩子离传统文化太远了，他们的认知和情感要靠教育才能实现。

四、申报是为了保护

记者： 2008年，文化部启动了对各地区国家级非遗项目的督查检查制度和黄牌制度，到目前为止，有没有吃黄牌的地区？

张庆善： 这项制度是为了推动非遗保护工作，解决一些地方承诺保护之后不兑现的问题，联合国教科文组织也有这样的制度。2008年以来，我们已经检查了两次，主要是看申报之后做了哪些事情、档案是否建立、传承人的状况是否改善，这起到了警示作用，到目前为止，还没有吃黄牌的现象。联合国教科文组织也要检查世界级非遗项目的保护情况，今年是履约年，文化部党组非常重视，赵少华副部长直接负责这项工作。各个人类非物质文化遗产代表作项目的保护单位，都要认真撰写履约报告，检查申报以后的保护情况。

记者：去年您曾经说，1028项国家级名录项目是今后申报世界级非遗名录的预备清单，以后申报的先后顺序会怎么把握？

张庆善：从国家的申报策略来讲，少数民族的项目、关系国家文化安全和文化主权的项目、关系民族团结和祖国统一的项目都是优先关注重点，这是基本原则。具体申报的时候，还要考虑诸多因素，比如申报的成功率问题。还要考虑民族、区域的平衡，项目类别的平衡，等等。中国的非物质文化遗产丰富多彩，项目太多了，坦率地讲，报哪个项目都可以。但是，不要一味地追求成为国家级或世界级非物质文化遗产代表作项目，不可能把所有的项目都申报了，申报只是一种倡导，意在唤起人们的保护意识。

记者：非遗保护法草案正在广泛征求意见，中国非物质文化遗产保护中心在推动非遗保护法形成的过程中，起到了什么作用？

张庆善：非遗保护的立法过程持续了好几年，现在已经进入了最后的阶段。在这个过程中，需要全国性的调研、专家论证，然后广泛征求意见，我也参加过多次讨论。大家都希望尽快通过，这是可以理解的。但是我觉得这部法律的出台必须建立在两个基础之上：一是要有相当的保护实践经验，才能为立法提供基础性的东西，这样的法才有针对性；二是需要人们的认识和理论的提高，因为我们毕竟是面对一个新的课题，要用一种科学的理念和文化自觉指导实践。到现在为止，我们的理论认识、研究、宣传和实践，已经为非遗保护法的出台做好了充分的准备。

（原载《文化月刊》2010年第11期；记者：马霞、张墨宁）

传统文化:一个民族的身份证

"中国非物质文化遗产传统技艺大展"系列活动随着2009年新春的脚步迎来了数以万计的热情观众,精粹的展品、高超的技艺及浓郁的民族气息,无不使人感受到中华传统文化的婀娜与多姿。

正月二十九,也就是2月23日,这一大展系列活动将落下绚丽的帷幕。在此之际,中国艺术研究院副院长、中国非物质文化遗产保护中心常务副主任张庆善接受了本报记者的独家采访。

一、彰显中华文化

这次在北京全国农业展览馆举办的"中国非物质文化遗产传统技艺大展"系列活动非常成功,每天有上万人来这里观展,他们对此都表现出了浓厚兴趣,他们中有老人有小孩,然而更多的是中青年观众。

张庆善介绍说:这次系列活动主要包括展览和论坛两个方面。我们有一个宗旨,这个宗旨就是为了贯彻党的十七大报告提出的,以科学发展观为指导,充分展现我国非物质文化遗产资源及其独特魅力,加强对非物质文化遗产传统技艺的保护和传承。应该说在我们党的历来的政治报告中从没有把文化大发展、大繁荣提到这样的高度,而且在报告中明确提出要加强对文物和非物质文化遗产的保护。正是在这样一个精神指导下,我们搞了这次展览，目的就是想通过这样一个展览和系列活动，彰显中华文化的丰富多彩，特别是传统技艺的精美。大家进一步提高了对非物质文化遗产的保护意识，特别是传统技艺的保护的认识。并通过这样的保护带动我们的文化发展，进一步实施保护的举措，应该说这是我们搞这样一个活动的宗旨所在。

大家通过看展览可以感受到，传统技艺特别能够体现中国人的智慧、才能和创造力。它不仅告诉人们，这些传统技艺不仅在过去使中华文化丰富多彩，即便在今天它仍能继续生存，而且在当今社会的发展中仍大有用武之地。因此，我们希望通过这样的活动能够使我们的保护工作得到进一步推进。

二、"发展"不能回避

张庆善这样告诉记者：在我个人的理解当中，非物质文化遗产的保护必须与老百姓的生活息息相关，这样才能真正让老百姓感受到非物质文化遗产的珍贵性。

如果说我们所要保护的项目与老百姓的生活脱离了，那么就不可能长远地保护下去。因为非物质文化遗产本身是人们一定的生活方式和生产方式的产物，所以它必须在老百姓的生活当中有用，人们才能够去珍惜它，去保护它。所以这次我们特别强调，希望通过这样的一种保护，使它能够在今天的文化生活中，不仅能够满足人们精神生活的需求，也能在推动经济发展、社会发展方面发挥作用。

张庆善说，过去人们在提及保护遗产的时候，忌讳提"发展"这个词，但实际上"发展"这个词是不能回避的。因为文化本身是不断流变的，它始终存在于发展的变异当中，古代文化到当今的文化也不可能一成不变。那么，我们今天的现代化生活，一方面是现代科技的发展给传统文化的生存造成诸多危机；另一方面为传统文化的发展创造可能。所以我们应该在传统与现代、保护与发展、文化与经济当中寻找到有效的保护途径。这包括我们搞展览、宣传，包括我们搞非物质文化遗产生产性方式保护论坛，都是在探讨如何在现代化高度发展的今天，使我们的传统文化得以保护。

三、不能丢掉自己的根

张庆善还明确提出，像这样的活动不仅可以让人们从理论上认识得更加清晰，还可以不断地总结经验，找出更有效的保护办法。比如有些非物质文化遗产项目，尤其是传统技艺的产品是可以面向市场的。传统技艺不像大工业产品那样可以无限重复，这恰恰是它独特的价值与魅力。

张庆善还特别强调，非物质文化遗产保护的前提是不能违背非物质文化遗产本身的特质，不能违背它自身发展的规律。也就是说，不可以硬性地改造它，而应该在充分尊重、研究它的自身发展规律和特质的基础上，使这些技艺能够得到保存并发挥作用。一个民族不能丢掉自己的根，一个民族的身份证不是你的黄皮肤、黑头发，也不是你的语言，最最重要的是自己的传统文化与文化传统，它是本民族区别于其他民族的根本所在。

张庆善说，我们国家公布了两批"国家级非物质文化遗产名录"，总共是1028项，其中属于传统技艺的有186项，这次来北京参加展览的仅国家级项目就有108项。另外，这次活动的现场演示非常重要，他们中有很多人都是大师级人物。2008年，我国公布了两批国家级非物质文化遗产代表性传承人，大家在现场看到的身披红色绶带的都是国家级非遗代表性传承人。此外，来参加本次展览的传承人中也有相当一部分是省级非遗代表性传承人。非物质文化遗产保护的关键就是对传承人的保护，他们都身怀绝技，一个传承人失去了，很可能就带走了一个绝活，一个绝门技艺。所以，我们通过这样的展览及研讨活动，也是希望人们更好地认识保护与传承的重要意义。

采访结束时，在记者的要求下，张庆善就非遗代表性传承人的知识产权保护问题讲述了自己的看法。他认为，立法对非物质文化遗产的保护是非常重要的，所以很希望能尽快出台相关法律法规。关于知识产权的保护问题自然也在其中，应给予高度重视，但是这里的情况比较复杂，要专门研究，要根据不同类别、不同项目进行界定。

再过几天，"中国非物质文化遗产传统技艺大展"系列活动就要结束了。相信这次活动让人们在分享了非物质文化遗产保护成果的同时，也经历了一次美好难忘的感受。

（2009年2月20日《中国消费者报》专访；记者：孟菁苇）

在非物质文化遗产保护中寻"根"

2001年以来，我国共有29项非物质文化遗产列入联合国教科文组织"人类非物质文化遗产名录"和"急需保护的非物质文化遗产名录"。同时，文化部公布了1028项"国家级非物质文化遗产名录"项目，全国各地还公布了省级非物质文化遗产名录项目4315项，第三批国家级非遗名录也于2010年"文化遗产日"期间公布。

为此，本刊记者深度专访见证了我国非遗事业发展整个历程的张庆善先生。张先生爽朗健谈，他通过风趣幽默的小故事和小插曲，为我们重温了我国非遗事业发展中的点滴……其中，既有取得非遗成就时的幸福，也有面对非遗保护的忧思，更有作为一个中国人传承中华文明的骄傲与激情。

一、阿布扎比传来的电话声

2009年9月28日至10月2日，联合国教科文组织保护非物质文化遗产政府间委员会在阿拉伯联合酋长国阿布扎比召开。2009年10月1日，中国民俗学会会长刘魁立老先生打电话给我说："庆善啊，到现在为止，中国已经通过22项了。"当时我以为听错了，便问："哪12项？""是22项……"刘先生开心地告诉我。

我直接参与主持了这次非物质文化遗产的申报工作，本来以为只要能通过8—10项，就可以完成任务了；通过12—13项，就是超额完成任务了。没想到申报清单会全部通过，这可真让人大喜过望！

中国这次能够如此成功地将备选名单全部入选"人类非物质文化遗产代表作名录"，反响最大的是日本。作为仅次于中国入选数量的日本，日本驻联合国教科文组织代表（大使）带着不平衡的心态来找中国大使聊天。我们中国驻联合国教科文组织大使既巧妙又客观地解释：由于这次申报不受名额限制，中国政府充分尊重了地方的申报意愿，这完全符合联合国教科文组织搞非遗文化的初衷和宗旨。另外，中国地大物博，一个省申报一项就是30多项，而且我们有56个民族，一个民族1项就是56项。日本是单一民族，不论是从地域还是民族等方面讲，有十几项入选应该很知足了。

日本一位重要的官员也曾对我说："我们搞非遗比中国早，但近些年来，中国搞得要比我们好。"其羡慕之情，溢于言表。由于中国的非遗工作是"政府主导、社会参与"，举国体制保护非遗无疑具有很大的优越性。

二、非物质文化遗产台湾行

2009年11月27日，我们在台北举行了"根与魂——中华非物质文化遗产大展"。在非遗展的新闻发布会上，台湾朋友说："中华文化，根在大陆，发展在台湾。"对此我不好当面直接反驳，只能适时回应。我在发言中说，大陆在改革开放、经济大发展的过程中，所有人都意识到了中华文化对社会和谐发展具有的重要作用。特别是20世纪50年代初期，我们确定了56个民族大家庭的普查，几十年来，民族文化发展形成了一浪又一浪的高潮。这一次我们到台湾举办中华非物质文化遗产大展，充分展示了我们对中华民族传统文化保护的努力及其取得的巨大成果。

这次活动，我们带了154人的演出展示团队，其中有一半是少数民族，80%都是民间艺人。台湾同胞在看到陕西华阴老腔等精彩、震撼的演出时，兴奋无比，纷纷惊叹："没想到大陆对原生态文化、民族文化遗产保护得这么好。"

就在我们筹备在台中的展览活动时，台湾紧急拨款1000万新台币，也搞了一个民族文化展览，紧挨着我们的展馆。但是，由于其东西少得多，跟我们还是没法比。另外的一个收获是，之前台湾沿用日本的说法把传统文化称为"无形文化财"，但是，这次展演让台湾上下均认同了大陆"非物质文化遗产"的提法。

三、推动非遗保护立法进程

多年来，尽管我国非物质文化遗产事业的发展取得了巨大的成就，但在谈到政府、社会还需要开展哪些工作、如何加大相关力度时，张先生动情地表示：（1）认识问题。虽然我们取得了一定的成果，但由于我们起步较晚，还需要全社会民众进一步认识到民族、传统文化的重要性。尤其是地方领导，更应该重视相关工作的推动。哪个省的领导意识到这个问题，相关工作就做得好。（2）重视不够，措施落实不够。过去讲"重申报、轻保护"，这样不好。现在我们需要"重申报，更重保护"。申报是保护的一个方面，是保护的基础，不申报谈不上保护；保护也一定要在申报的基础上真正落实到位。二者互相依托，互相推动。（3）加大理论的深度研究。各地要从自己的实际出发，确定相关保护目标。搞清楚保护什么、为什么保护、怎样保护等基本问题，不要犯原则性错误。20世纪80年代，文物界曾出现"修旧如新"的保护方式，结果一个真文物修成了假文物，间接地变成修复性破坏、保护性破坏。所以，我们在保护非物质文化遗产时，就要吸取这方面的教训。（4）推动立法。建立起合格的保护队伍。比如，文化生态区的建设保护，需要形成较为成熟的理论体系、实践经验予以指导。20世纪中期，日本、韩国分别对非物质文化遗产的发展进行了立法，我国至今还没有相关的非遗法规。虽然有关方面都在积极推动这一进程，但我希望能够通过进一步呼吁，非物质文化遗产的法律能够早日通过。这样，有了法律依据，就可以建立起更加科学、完善的非遗保护体系，填补各个环节的空白。

当然,在加强各种保护措施的同时,有些问题仍旧停留在"良好愿望"的层面上。其中一个世界性的难题就是旅游。尽管不可回避,但正是旅游,对文化遗产特别是非物质文化遗产造成的破坏是最严重的。

比如,有的民族文化村搞"结婚"旅游。对任何人来说,结婚作为终身大事,"一次就够,两次偏多"。但是,在这里一个小姑娘穿着民族服装,一天就能结好几次婚。这就把一个严肃、神圣的民俗活动搞得俗不可耐。

四、民族生命力何处寻"根"

我们现在讲和谐社会,其实,我们小时候就明白,过年的时候是最和谐的。不仅不能打架、不能骂人、不能干坏事,甚至连不吉祥的话都不能说。这其中对民族情感的认同、民族精神的凝聚起着多么大的作用啊!

有一次会议,我讲到"某一位歌手在春节晚会上唱了一首歌,迅速火遍大江南北……""《常回家看看》"——大家应声而和。为什么?一个"情"字,打动所有人。但是,"常回家看看"和"过年回家看看"还是不一样的。中国人春节回家看看,探亲访友,千万大军,浩浩荡荡,是世界上最壮观的景色。"年"对中国人来说太重要了,亲情、友情等所有感情都集中到这时。这种民族情感的教育比什么教育都更有意义。

曾经有人认为,"遗产"是历史落后的东西,反对进行保护。这种观点完全错了。任何一个民族、国家都不能忽略自己的传统文化,否则,人就没有"根"了。"从哪里来,到哪里去",我们之前并不知晓,要搞清楚这一点就成了我们的文化。并不是所有黄皮肤、黑头发、黑眼睛、会说中国话的人都是中国人,而是深深扎进血肉中的那种民族情感和文化传统,才让我们民族的生命力旺盛不竭。为什么在全世界,只要有华人生活的地方都要搞"唐人街""宋城",那就是我们中国人的"根"!

(《世界遗产》2010 年第 4 期专访;记者:文心、杨海平)

非遗项目迎来"中国年" 入选26项世界第一

2009年9月28日,联合国教科文组织保护非物质文化遗产政府间委员会,在阿联酋阿布扎比举行第四次会议,审议并批准了列入"人类非物质文化遗产代表作名录"的76个项目,其中,中国申报的22个项目全部列入。

到目前为止,全世界共有166个项目入选该名录,中国以总数26项名列第一。相关人士估计,在相当长的时间内,其他国家很难超越这个数量。

中国非物质文化遗产如此大规模地获得世界认可,背后意味着什么?入选世界非物质文化遗产后,我们该如何更好地保护与传承?中国非物质文化遗产保护中心常务副主任张庆善接受了本报记者的专访。

一、数目不是多而是少得可怜,中国还需承担更多责任

记者: 之前,好像是两年一次评选,每个国家一次只能申报一项。这次仅中国,一次性就通过22项,这在意料之中吗?

张庆善: 应该说是在意料之中的。因为,评选规则改变了。如果两年一次、一次一国只能评选一项,恐怕许多濒危遗产等不到进入名录就已经无处可寻了。

每个国家的情况不一样。一个只有几百万人口的小国与拥有十几亿人口的大国，一个由单一民族组成的国家与由多个民族组成的大国，在非物质文化遗产的资源方面不可能有可比性。所以，在数目上，绝对地追求国家的平等，其实对各种文化来说是不平等的。作为文化资源丰富的古国来说，中国这次通过的项目多，也就不意外了。这既是对中国丰富多彩的非物质文化遗产的认可，也是对这些年我们不遗余力地推进非物质文化遗产保护工作的一种肯定。同时，这也表明联合国教科文组织希望中国能在保护人类文明的多样性方面承担更大更多的责任。

我必须强调一点，虽然目前中国已经有26个项目列入世界非遗名录，但并不是像一些人说的那样太多了。我认为依然少得可怜。日本有十几个项目列入名录。它们一个市或县的某个节日的某种舞蹈，都因为得到很好的保护而被列入世界非遗名录，而我们的春节、中秋节这样大的节日都还没有进行申报。

二、22项体现了文化多元性，今后多与周边国家合作

记者：这次获得通过的22项非物质文化遗产都有什么特点？

张庆善：一是对世界文化有较大的影响。如安徽宣纸制作技艺、中国雕版印刷技艺、养蚕及制丝工艺、龙泉青瓷的传统烧制工艺等。二是体现文化的多元性，尤其是对少数民族的文化进行了充分的关注。这次有藏剧、新疆柯尔克孜族史诗玛纳斯、蒙古族呼麦歌唱艺术、贵州侗族大歌、中国朝鲜族农乐舞、甘肃花儿等民族艺术形式。此外，妈祖祭祀仪式的入选也是众望所归。

记者：很多人都注意到了端午节的入选。

张庆善：端午节的世界影响很大。在海外，华人聚集的地方也会欢庆龙舟节。所以我们就委托由湖北牵头，协调湖南与江苏共同来申报。而且，我们的端午节与韩国上次申报的江陵端午祭完全是两码事，我们有我

们的典型的传统习俗。

记者：联合国教科文组织一直鼓励联合申报。我们这次入选的好像都是单独申报。

张庆善：文化是有辐射性的。鼓励联合申报是为了共享资源，更完整地进行保护。比如以前的蒙古族长调民歌，我们就是与蒙古国联合申报的。中国的文化对周边国家的辐射与影响一直都很明显，目前我们正在进行相关调研，今后会与周边国家加强这方面的合作。

三、预备清单上还有1000多项，探索非遗生产性保护

记者：世界自然文化遗产的申报有预备清单，那么非遗的申报呢？

张庆善：也有清单。我国已有1028项国家级名录项目，这就是今后申报世界非遗名录的预备清单。

记者：据说，联合国教科文组织已对非遗的提名数量表示关注。今后，我们是否还可能一次通过太多项目？

张庆善：我们的每一次申报都是按照联合国的程序按部就班严格执行的。至于今后是否会有数量要求，现在还不清楚。我们申报的目的是更好地保护，不会单纯追求数量多少。

记者：成功进入名录之后，相关的保护工作如何进行？也有类似的退出机制吗？

张庆善：如同世界文化遗产一样，加入名录只是提高了知名度和影响力，如何保护还在于每个国家每个地区。

和世界文化遗产不同的是，非遗的许多内容与百姓密切相关，除了确实无法融入当代社会的一些非遗内容。因此，我们正在积极探索非遗的生产性保护。比如中国的剪纸，其基本的功能已经发生了转化，不再是生活

的一部分，但却以艺术品的形式进入了审美与收藏的行列，这就是生产性的保护。再比如唐卡，本来是宗教寺庙的用品，现在也成了许多人的收藏品，在青海热贡早已成为一种产业。这种活态的保护更有生命力。

(2009年10月12日《人民网》专访；记者：杨雪梅)